AF878748

J. Guttentag, Verlagsbuchhandlung, G. m. b. H. in Berlin.

Genossenschaftliche Zeit- und Streitfragen

herausgegeben von

Ludolf Parisius und **Dr. Hans Crüger.**

№ 1. Kreditgenossenschaften nach Schulze-Delitzsch. № 1.

Von

Ludolf Parisius.

Zweite durchgesehene Auflage.

gr. 8⁰. Preis 75 Pfg.

№ 2. Rohstoffgenossenschaften № 2.

der Handwerker

und

Anleitung zur Buchführung einer Rohstoffgenossenschaft.

Von

Dr. Hans Crüger und **H. Jäger.**

gr 8⁰. Preis 1 Mk

№ 3. Umsatzsteuer und Konsumvereine. № 3.

Von

Dr. Johannes Wernicke.

Sekretär des Allgemeinen Verbandes.

gr. 8⁰ Preis 60 Pfg.

№ 4. Schulze-Delitzsch und Alwin Sörgel. № 4.

Beiträge zur Geschichte der deutschen Genossenschaftsbewegung.

Von

Ludolf Parisius.

gr 8⁰. Preis 1 Mk. 25 Pfg.

Genossenschaftliche Zeit- und Streitfragen
herausgegeben von
Ludolf Parisius und Dr. Hans Crüger.
Heft 4.

Schulze-Delitzsch

und

Alwin Sörgel.

Beiträge zur Geschichte der deutschen Genossenschafts-
bewegung.

Von
Ludolf Parisius.

Berlin SW48.
Wilhelmstraße 119/120.
J. Guttentag, Verlagsbuchhandlung,
G. m. b. H.
1899.

Vorwort.

Meine Schrift unter die „genossenschaftlichen Zeit- und Streitfragen" aufzunehmen, obwohl sie, wie das Inhaltsverzeichniß ergiebt, keine Beiträge zur Geschichte der Genossenschaftsbewegung des letzten Vierteljahrhunderts liefert, trage ich kein Bedenken. Bis in die jüngste Vergangenheit tauchen sachliche und persönliche Angriffe und Verdächtigungen gegen Schulze-Delitzsch immer von Neuem auf. Werden sie nach Enthüllung seines Denkmals in der Reichshauptstadt verstummen? —

Charlottenburg, 27. Juni 1899.

Ludolf Parisius.

Schulze-Delitzsch und Alwin Sörgel.

Beiträge zur Geschichte der deutschen Genossenschaftsbewegung.

I.

Einleitung.

Im Herbst 1899 wird in der Reichshauptstadt Berlin ein würdiges Denkmal des großen Volksmannes Schulze-Delitzsch errichtet werden. „Wir aber" — so schrieb ich Anfang Januar 1857 in den Blättern für Genossenschaftswesen — „wir, seine alten Freunde und Schüler müssen dafür sorgen, daß auch das Andenken an sein Wirken und seine Lehren nicht durch neue Zeitrichtungen verdunkelt werde. Schon jetzt, kaum 13 Jahre nach seinem Tode, wird oft aus Unkenntniß oder Mißverständniß, oft aber auch von offenen und versteckten Gegnern seiner Grundsätze und Lehren nicht ohne Absicht mit seinem Namen ein bedauerlicher Mißbrauch getrieben. Diesem Mißbrauch zu steuern, ist für die jüngere Generation oft gar nicht leicht. Es fehlt an einer dazu hinreichenden, ausführlichen Darstellung seines Lebens und Wirkens. Das bekannte zu seinem 70. Geburtstag erschienene Buch von A. Bernstein (Schulze-Delitzsch, Leben und Wirken) reicht dazu bei Weitem nicht aus. Es fehlt vor allem an einer Sammlung seiner zahlreichen kleineren Schriften, seiner Aufsätze, Vorträge und Reden. Für eine Lebensschilderung scheint die Zeit um so weniger gekommen zu sein, als gegenwärtig der Streit über die Frage, ob Versuche der Staatsregierungen, die auf Selbsthilfe gegründeten Erwerbs- und Wirthschaftsgenossenschaften durch positive Einmischung zu fördern, in der That vorwiegend schädlich sind, durch das eifrige Eintreten der preußischen Staatsregierung mit ihren großen Mitteln in ein neues Stadium getreten ist.

Aber das Material zusammenzutragen ist die allerhöchste Zeit. Von den genossenschaftlichen Mitarbeitern Schulze's in den fünfziger und sechziger Jahren leben nur noch wenige und vielleicht keiner von ihnen hat Muße gefunden, seine Erinnerungen an ihn aufzuzeichnen. Es handelt sich dabei nicht bloß um die Genossenschaften. In dem Aufruf des Komitees zur Errichtung eines Denkmals vom 15. Juni 1883 ist auf Schulze's gesammte öffentliche Thätigkeit hingewiesen, auf „den sittlichen Ernst, die vollendete Selbstlosigkeit, Unermüdlichkeit seines, den Zielen edelster Humanität zugewendeten Strebens", auf seine mannhafte Betheiligung an dem Kampf um die Wiedergewinnung des Deutschen Reiches, auf seine rastlose Arbeit für die „wirthschaftliche, sittliche, geistige Hebung der mittleren und unteren, von leidenschaftlichen Interessenkämpfen schwer bedrohten, sich mühsam aufringenden Bevölkerungsklassen."

Nicht allein Schulze's Reden auf allgemeinen oder provinzialen Genossenschaftstagen, auch seine politischen Reden im Reichstage und Abgeordnetenhause, in dem von ihm mitbegründeten Nationalverein, auf Abgeordnetentagen, vor seinen Wählern und auf Volksversammlungen sowie seine Thätigkeit für die von ihm mitbegründete und bis zu seinem Tode geleitete Gesellschaft zur Verbreitung von Volksbildung müssen berücksichtigt werden, will man ein klares Bild von dem Wirken Schulze's gewinnen."

Danach erörterte ich in den Blättern für Genossenschaftswesen den Plan, in einem Schulze-Delitzsch-Archiv unter Aufsicht des Anwaltes und des engeren Ausschusses des allgemeinen Verbandes Deutscher Erwerbs- und Wirthschaftsgenossenschaften eine Sammlung Schulze'scher Schriften und Briefe anzulegen und deren Aufbewahrung, Ordnung und eventuell diskrete Benutzung sicherzustellen.[1])

Meine Anregung hat unter den Genossenschaften viel Beifall gefunden. Aber zur Ausführung des Planes bedarf es nicht unerheblicher Geldmittel. Diese bald zu beschaffen, schien mir schon vor Jahr und Tag vorläufig aussichtslos. Ich hatte deshalb dem Anwalt unseres Verbandes die weitere Durchführung des Unternehmens überlassen.[2])

Auf meine Anregung sind mir seitdem manche Briefe zugegangen, die Schulze in den fünfziger Jahren also in den ersten Jahren der Genossenschaftsbewegung geschrieben oder empfangen hat. Einzelne von ihnen liefern bisher unbekannten Stoff zur Ergänzung des Buches von Bernstein.

Unter Benutzung jener Briefe und sonst vorhandenen gedruckten Materials habe ich mich entschlossen, „Erinnerungen" an Schulze-Delitzsch und die Anfänge der deutschen Genossenschaftsbewegung niederzuschreiben und zu Nutz und Frommen unserer guten Sache zu veröffentlichen. Meine Erinnerungen können und sollen nur Ergänzungen des Bernstein'schen Buches[3]) sein. Dieses Buch ist 1879 in zwei Auflagen in etwa 20000 oder mehr Exemplaren verbreitet. Ich darf voraussetzen, daß es den Genossenschaften des Systems Schulze-Delitzsch, wenn sie es in ihrer Bibliothek nicht besitzen sollten, leicht werden wird, es sich antiquarisch zu beschaffen.

Ich wende mich mit meinen Erinnerungen vor allem an unsern „genossenschaftlichen Nachwuchs", an die Männer, die jetzt und in Zukunft der Förderung genossenschaftlicher Selbsthilfe ihre Arbeit widmen. Möge dieses jüngere Geschlecht auch in der ungünstigen Gegenwart allen Widersachern und Feinden zum Trotz getreulich ausharren in fester Zuversicht, daß unsere Grundsätze ihre siegreiche Kraft über alle Irrlehren bewähren müssen.

---

1) Nr. 1 und Nr. 4 der Blätter für Genossenschaftswesen 1897.

2) Vergl. meinen Aufsatz „zur Frage des Schulze-Delitzsch-Archivs" S. 214 und den Aufsatz Dr. Crüger's S. 437 der Blätter für Genossenschaftswesen 1897. Zum Archivfonds haben Genossenschaften und genossenschaftliche Freunde über 5000 Mark eingezahlt (einer der Freunde allein 3000 Mark). Der Fonds beträgt nach einer Bekanntmachung vom Juni 1898 (siehe Blätter für Genossenschaftswesen Nr. 24) 5290 Mark.

3) Schulze-Delitzsch, Leben und Wirken von A. Bernstein, zweite Auflage, Berlin, Verlag der Buchdruckerei der Volkszeitung (Emil Schilke) 1879.

II.

Schulze=Delitzsch und Alwin Sörgel am 11. Juni 1849 in Cöthen.

Es liegt nicht in meiner Absicht in diesem Hefte auf die politische Thätigkeit Schulze's in der preußischen National=Versammlung von 1848 einzugehen. Die National=Versammlung wurde am 5. Dezember 1848 aufgelöst und die Verfassung oktroyirt. Auf Grund des ebenfalls oktroyirten Wahlgesetzes wurde Schulze=Delitzsch am 5. Februar 1849 als Abgeordneter für den Kreis Delitzsch in die zweite Kammer gewählt. Diese wurde am 27. April wiederum aufgelöst und nunmehr am 30. Mai 1849 das noch jetzt mit geringen Aenderungen gültige Dreiklassen=Wahlgesetz mit Oeffentlichkeit der Stimmabgabe für Urwähler und Wahlmänner verfassungswidrig oktroyirt.

„Die Leitung der demokratischen, ihrem Wesen nach durchaus monarchischen Partei der östlichen Provinzen Preußens hatten wegen des Berliner Belagerungszustandes die Parlamentarier der gemäßigten Linken in die Hand genommen. Ein Kongreß wurde am 11. Juni außerhalb Preußens in Cöthen abgehalten, an dem sich auch die Abgeordneten von Unruh, Schulze=Delitzsch, Rodbertus betheiligten. Hier wurde ein provisorisches „Centralkomitee zur Wahrung des allgemeinen Wahlrechts" mit dem Sitze in Magdeburg eingesetzt und nach eingehenden Debatten mit großer Mehrheit beschlossen, sich an der Wahl zur zweiten Kammer nicht zu betheiligen. Man meinte, da die Regierung ihre reaktionären Wege unbekümmert um die Majorität der Volksvertretung verfolge, so müsse die Demokratie den Mittelparteien die parlamentarische Thätigkeit in der verfassungswidrig zu Stande gebrachten Kammer überlassen und unter Wahrung ihrer Prinzipien durch Wort und Schrift für Aufklärung des Volkes während der beginnenden Reaktionsperiode wirken."[1])

Der Kongreß in Cöthen war nicht, wie oft behauptet wird,[2]) eine Versammlung liberaler Abgeordneten der aufgelösten zweiten Kammer, sondern eine Versammlung der Deputirten der in der Provinz Sachsen bestehenden Vereine „zur Wahrung der Volksrechte". Es betheiligten sich aber daran auch Abgeordnete der aufgelösten Kammer aus andern Provinzen. Einer der Vereinsdeputirten war der Kaufmann Alwin Sörgel aus Eisleben.

Schulze=Delitzsch und Sörgel gehörten bei dem Antrage auf Wahlenthaltung zur Minderheit.[3])

---

1) Wörtlich aus meinem Buche über Hoverbeck: Leop. Freiherr Hoverbeck, ein Beitrag zur vaterländischen Geschichte Theil I, 1897, S. 105.

2) So in den von Poschinger herausgegebenen, oft unzuverlässigen „Erinnerungen Unruh's". (Vergl. mein Buch über Hoverbeck, Bd. I, S. 116.)

3) Nach den Erzählungen dieser und anderer Betheiligten habe ich dies schon in meinem 1878 erschienenen Buche „Deutschlands politische Parteien und das Ministerium Bismarck" (S. 15) mitgetheilt und daran folgende Bemerkung geschlossen:

„Die ersten Assoziationen nach Schulze's Anweisungen wurden fast durchweg von Handwerkern und anderen kleineren und mittleren Gewerbetreibenden gegründet und geleitet, die als 1848er Demokraten anrüchig und verfehmt waren. Wie für viele Richtungen der nationalen Arbeit, so namentlich für das deutsche Genossenschaftswesen war es von entschiedenem Vortheil, daß sich die Demokratie 1849 vom politischen Schauplatz zurückzog und dadurch viele tüchtige Männer veranlaßte, ihren

III.

Alwin Sörgel, geb. 1815, gest. 1875.

Umriß seines Lebens.

Waren Schulze-Delitzsch und Alwin Sörgel schon vor der Cöthener Versammlung im Juni 1849 mit einander persönlich bekannt? Ich glaube, bei Besprechung konstitutioneller Demokraten des Regierungsbezirks Merseburg werden sie sich schon früher begegnet sein.

Aber Schulze-Delitzsch konnte 1849 noch nicht ahnen, daß er in Sörgel den verdienstvollsten Gehilfen zur Erfüllung seiner ersten Lebensaufgabe und den zuverlässigsten Freund gewinnen werde.

Wir älteren Freunde beider Männer wissen, daß es wesentlich Sörgels Verdienst war, wenn aus den für Handwerker, Arbeiter und kleine Gewerbetreibenden auf dem Prinzip der Selbsthilfe gegründeten kleinen Vorschußvereinen Schulze-Delitzsch's schnell wirkliche Volksbanken emporwuchsen, die auch das Personalkredit-Bedürfniß der Landwirthe, Kaufleute, Fabrikanten und anderer mittlerer Gewerbetreibenden in den im Großverkehr üblichen Geschäftsformen billig und prompt befriedigen.

Unter den Vorstands- und Aufsichtsrathsmitgliedern unserer Vorschußvereine werden heut zu Tage nicht wenige sein, die Sörgel nur als den ersten Firmenträger und Mitbegründer der deutschen Genossenschaftsbank kennen. Sie alle möchte ich aber für das Leben und Wirken des um unser Genossenschaftswesen hochverdienten Mannes um so lebhafter interessiren, als ihm ein großer Theil dieses Heftes gewidmet ist.

Ich bringe deshalb vorweg den Aufsatz, den ich drei Tage nach seinem in der Nacht vom 15. zum 16. November 1875 erfolgten Tode in der Vossischen Zeitung veröffentlichte:

Der am Dienstag früh nach kurzem Krankenlager erfolgte Tod des Direktors der deutschen Genossenschaftsbank, Alwin Sörgel, wird überall in den Kreisen der deutschen Genossenschaften auf schmerzliche Theilnahme rechnen können, da der Verstorbene unter den namhafteren Gehilfen, welche Schulze-Delitzsch sich in seinen genossenschaftlichen Bestrebungen erwarb, weitaus der älteste und, soweit es sich um die Volksbanken handelt, der verdienstvollste war. Sörgel errichtete **1854**, durch freundschaftlichen Verkehr mit Schulze angeregt, in seiner Heimathstadt Eisleben, wo er ein Kurzwaaren-Detailgeschäft betrieb, einen Vorschußverein, den viertältesten in Deutschland, und den ersten, welcher mit Erfolg das Bedürfniß nicht blos der kleinen, sondern aller Gewerbetreibenden seines Wirkungskreises nach Bankkredit auf genossenschaftlichem Wege zu befriedigen suchte. Schon **1856** durch die Bevormundungssucht der Behörden genöthigt, sich zur Handelsgesellschaft umzuformen, hat diese Genossenschaft sich unter Sörgels Leitung bald zu einem respektablen Bankgeschäft entwickelt und durch frühzeitige Einführung der Wechsel statt der Schuldscheine und der laufenden Rechnungen u. dgl. zu der Ausbildung eines streng kaufmännischen Geschäftsbetriebes bei den übrigen Volksbanken wesentlich beigetragen. Als später (1864) die Vor-

---

Eifer und ihre Energie auf andere gemeinnützige Thätigkeit zu werfen. Es erinnert diese Erscheinung an jene Bemerkung Macaulay's über die republikanischen Rundköpfe nach der Restauration: wenn ein Bäcker, Maurer oder Fuhrmann sich durch Fleiß und Nüchternheit auszeichnete, so sei es aller Wahrscheinlichkeit nach einer von Oliver Cromwells alten Soldaten gewesen."

schußvereine des allgemeinen Verbandes sich die Deutsche Genossenschaftsbank zu Berlin gründeten — mit einem anfänglichen Kommandit-Kapital von 270 000 Thlr. (jetzt drei Millionen Thlr.)[1]) und mit der Bestimmung, den Genossenschaften die Großbankverbindungen zu vermitteln und als Centralgeldinstitut zu dienen — da folgte der Eislebener Kleinkaufmann dem an ihn von den Genossenschaften einstimmig ergangenen Vertrauensrufe und übernahm die Hauptleitung des Instituts.

Daß Sörgel sich in wenigen Jahren durch seine geschäftliche Tüchtigkeit ein großes Ansehen unter den respektabelsten Kaufleuten Berlins zu verschaffen und durch alle Fährlichkeiten zu bewahren wußte, wird allseitig bezeugt. Seine Leistungen speziell für das Genossenschaftswesen sind von Schulze und seinen Freunden stets als höchst bedeutend bezeichnet, — der von ihm gestiftete „Giroverband der deutschen Genossenschaften", der leider langsamer, als Sörgel hoffte, anwächst und zur Zeit 230 Vereine in Berlin und 130 bei der Kommandite in Frankfurt am Main umfaßt,[2]) wird von Schulze „als der Schlußstein der Organisation der Kreditgenossenschaften" gerühmt und auf das Dringendste empfohlen.

Neben der rastlosen kaufmännischen Thätigkeit fand Sörgel noch Zeit, für genossenschaftliche und andere Zeitschriften (z. B. Engel's statistische Zeitschrift) kürzere und längere Aufsätze über praktische Fragen des Bank- oder Genossenschaftswesen zu schreiben — oft unter tiefster Anonymität, wenn er es der Sache für förderlicher hielt. Unter einer kalten, geschäftlich strengen Außenseite barg er ein von wahrer Menschenliebe tief durchdrungenes Herz. —

Von seiner vorgenossenschaftlichen, sehr respektablen Vergangenheit wußten nur die nächsten Freunde des seltsam verschlossenen Mannes nach und nach einiges zu ermitteln. Um das Jahr 1815 in Eisleben geboren, wurde er mit 14 Jahren Lehrling eines Materialwaarenhändlers. Nachdem er als Geschäftsreisender u. s. w. die Freuden und Leiden dieses Berufs gekostet, wurde er Buchhändler und ließ sich in Schlesien als Sortiments- und Verlagsbuchhändler nieder. Entsetzliches Familienunglück machte ihn europamüde; 1845 ging er mit den ersten Ansiedlern, welche von dem „Verein deutscher Fürsten, Grafen und Herren zum Schutz Deutscher Einwanderung in Texas", dem sogenannten Mainzer Verein, angeworben waren, nach Texas. Kaum in Galveston gelandet, entdeckte er die Hohlheit und Planlosigkeit des ganzen Unternehmens, machte sich von dem Verein los, bereiste das Land bis in den fernen Nordwesten und ließ sich später im mittleren Theile des Staates nieder. Seine Eindrücke und Erfahrungen veröffentlichte er in Briefen in Professor Biedermanns „Herold", dessen Mitarbeiter er schon früher gewesen zu sein scheint. Die Expedition des „Herold", gab 1847 die Aufsätze in drei Heften heraus unter dem Titel: „Für Auswanderungslustige! Briefe eines unter dem Schutze des Mainzer Vereins nach Texas Ausgewanderten." Sörgel kam, durch den Tod eines Bruders genöthigt, Anfang 1848 nach Deutschland zum Besuch zurück, blieb aber hier, angeregt durch die politische Bewegung, an der er sich im demokratischem Sinne aufs lebhafteste betheiligte und die ihn 1849 als Angeklagten vor die Geschworenen brachte, ihm zugleich aber auch die nähere Bekanntschaft mit Schulze, dem Abg. für Delitzsch, verschaffte.

Von jenen Heften hatte Sörgel nur das erste gesehen; von der Existenz des 2. und 3. Heftes — erfuhr er sonderbarer Weise erst zufällig nach 25 Jahren, da

---

[1]) Seit 1899 36 Millionen Mark, oder 12 Millionen Thaler.

[2]) Der Giroverband hatte Ende 1897 in Berlin 421, in Frankfurt 493 Giro- und Inkassogenossen. Die Zahl der eingelaufenen Wechsel betrug 414581 mit einer Gesammtsumme von 107468072 Mark. (Bl. f. G. 1898 S. 181.)

der Reichstagsabgeordnete Friedrich Kapp, der sie in Amerika gekauft hatte, deren Inhalt einem gemeinschaftlichen Freunde gerühmt hatte. Kapp sagt von Sörgels Schilderungen, sie gehörten zu den besten, was überhaupt in der Auswanderungsliteratur existire und verdienten neu herausgegeben zu werden.

„Ohne Voreingenommenheit prüft Sörgel die neuen Verhältnisse, legt den ihnen selbst innewohnenden Maßstab an sie an und läßt sich durch keine Rücksichten abhalten, die volle Wahrheit zu sagen. Seine Briefe haben den Adelsverein mit seinen prahlerischen Proklamationen gründlicher diskreditirt, als alle sonstigen Stimmen der Presse. Sörgel bleibt stets auf realem Boden und behält die gegenwärtigen Bedürfnisse im Auge und zieht daraus seine Schlußfolgerungen auf die Rathsamkeit, resp. Zweckwidrigkeit der Besiedelung des Landes."

Dieses Urtheil Kapp's, des gründlichen Kenners unserer Auswanderungsliteratur, dessen Veröffentlichung uns derselbe gestattet, wird den vielen Freunden Sörgels, die ihn nur als Genossenschafter und Bankdirektor kannten, um so interessanter sein, als er in diesen wie in allen Lebensbeziehungen sich durch unerbittlich strenge Wahrheitsliebe, schärfste Beobachtungsgabe, schnelle Entschließungen und eiserne Konsequenz auszeichnete.

Zur Ergänzung des Vorstehenden theilen wir noch etwas über Sörgels Briefe für Auswanderungslustige mit, deren erstes Heft uns vorliegt. Dasselbe ist mit einer Vorrede des Herausgebers Professor Biedermann vom 15. Januar 1847 versehen. Nach ihr wurde Biedermann zur Veranstaltung des Separatabdruckes durch mehrfache ausdrückliche Aufforderungen sowie durch den eigenen Wunsch veranlaßt, den Inhalt der Briefe, der ihm für alle Auswanderer und Auswanderungslustige in hohem Grade lehrreich und nützlich zu sein schien, auch weiteren Kreisen zugänglich und bekannt zu machen. Biedermann hebt sodann noch aus dem 5. Briefe (auf der Farm in County Fayette, 6. April 1846 geschrieben) folgende Sätze hervor:

„Nach Texas kann nur auswande'rn, wer vollkommene Freiheit will; hier findet er sie. Es darf nur auswandern, wer die sogenannte Civilisation überdrüssig ist, wer gelebt hat, aber nicht verlebt ist; hier wird er Ruhe, Einsamkeit, Gelegenheit zu einem rein menschlichen Leben finden.

Es darf nur auswandern, wer ein sorgenloses, aber arbeitsvolles Leben will; hier findet er es. Es ist leicht, sich zu erhalten: wer arbeitet, erntet. Es darf nur auswandern, wer Geld machen will. Dieser muß aber welches mitbringen. Mit einem Anfange von 10000 Dollars muß man hier, bei richtiger Disposition, bald reich werden. **Unter keiner Bedingung dürfen aber Schwächliche, Dumme oder Faule hierher kommen.** Die Tauben fliegen nicht gebraten herum!"

Als Sörgel dies schrieb, hatte er 100 Acker Land und ein elendes Blockhaus für 200 Dollars gekauft und war seit ein paar Monaten ununterbrochen auf seinem Eigenthum in voller und schwerer Arbeit, den Wald herunterzuschlagen und ein paar Acker einzufenzen, um sie mit Kartoffeln zu bepflanzen. Die Wölfe hatten ihm eine Bruthenne mitsamt den Eiern gefressen.

Ich erinnere mich vor einigen Jahren, daß einmal Jemand, der von schweren Handarbeiten sprach, zu Sörgel sagte: „Ja, Sie gehören zu den Glücklichen, die dies nicht kennen zu lernen brauchten!" Sörgel lachte: „Haben Sie schon mal mit Axt und Beil einen Urwald heruntergehauen und einige Morgen Land eingegattert?" Als jener verwundert verneinte: „„Mein Herr, dann dürfen Sie nicht mitreden, wenn von Arbeiten geredet wird!""

Rastlos gearbeitet hat Sörgel sein ganzes Leben hindurch, — wie in den Urwäldern von Texas, so in den kleinen Comtoirs in Eisleben und in den weiten Geschäftsräumen der deutschen Genossenschaftsbank zu Berlin. In rastloser Arbeit, nicht aus eitler Jagd nach Erwerb, nein! aus Lust und Liebe zum Schaffen, in rastloser Arbeit auch zum Nutzen seiner Mitmenschen — darin war er Vielen bekannt. Aber sein mildthätiges, menschenfreundliches Herz, dem Wohlthun hohe Freude machte, — Wohlthun in tiefster, tiefster Heimlichkeit, — das kannten nur Wenige an ihm, und schätzten und liebten ihn um so mehr, als sie wußten, welche Fülle von Leiden und Schmerzen ihm in seiner Häuslichkeit beschieden war, — und ihm die Lebensfreudigkeit raubte.

Ich hatte den Aufsatz für weitere Kreise, nicht bloß für die Genossenschafter geschrieben und deshalb auch nicht unterzeichnet. Schulze-Delitzsch veröffentlichte nun in der Nr. 49 vom 3. Dezember 1875 der Blätter für Genossenschaftswesen einen Nachruf, dem er meinen Aufsatz beifügte. Der Nachruf lautet:

Alwin Sörgel,
Direktor der Deutschen Genossenschafts-Bank zu Berlin.

Die Anzeige von dem Tode unseres Sörgel in der vorigen Nummer dieser Blätter hat in den weitesten Kreisen der Deutschen Genossenschaften die schmerzlichste Theilnahme erweckt. Wenn man allseitig fühlte, was unsere Sache an dem zu früh Geschiedenen verloren hat, so ist es für den unterzeichneten Anwalt eine doppelte Pflicht, davon öffentlich Zeugniß abzulegen. Zur Ergänzung der von unserm Mitarbeiter, Herrn Abgeordneten Parisius in der Vossischen Zeitung gegebenen biographischen Skizze, welche im Auszuge hierbei abgedruckt ist, fügt derselbe daher folgendes hinzu.

Die Beziehungen zwischen dem Verstorbenen und dem Anwalt, deren Herr Parisius gedenkt, nahmen seit Gründung des Genossenschaftsverbandes im Jahre 1859, einen noch intimeren Charakter an. Nicht nur durch seine gediegenen Aufsätze in dem gegenwärtigen seit 1861 zu voller Selbstständigkeit gelangten Fachblatt — damals Innung der Zukunft —, sondern ebenso durch sein Auftreten auf dem alljährlich stattfindenden Allgemeinen Vereinstagen, und mittelst der mustergültigen Einrichtungen in dem von ihm selbst geleiteten großen Eisleber Verein, gelangte Sörgel zu immer größerer Anerkennung unter den Leitern unserer Vereine. Besonders gewann er auf der mehr und mehr Platz greifenden bankmäßigen Entwicklung unter den Kreditgenossenschaften einen höchst wohlthätigen Einfluß und unterstützte den Anwalt dabei vielfach mit Rath und That. Als daher seit 1863 das Drängen der im Verband stehenden Kreditvereine auf Errichtung eines Centralgeldinstitutes immer stärker wurde, war das Erste, was der Anwalt vor Einleitung der hierzu erforderlichen Schritte that, daß er sich der Bereitwilligkeit Sörgels versicherte, die Leitung des projektirten Instituts zu übernehmen. Jeder Mißgriff hierbei hätte nicht blos den Anwalt mit einer erdrückenden moralischen Verantwortlichkeit beladen, sondern auch dem Fortgange der genossenschaftlichen Bewegung bei uns schwere Hindernisse bereitet, hiergegen bot einzig der Eintritt eines so kundigen und erprobten Mannes die unerläßliche Gewähr, und erst nach dessen fester Zusage nahm der Anwalt 1864 auf seinen Verbandsreisen die Sache fest in Angriff. Gewiß hat zu der raschen Zeichnung des zur Gründung der Bank erforderlichen Aktienkapitals in unsern Vereinen das Vertrauen, welches sich an den Namen Sörgels schon damals knüpfte, nicht wenig beigetragen.

Was der Verstorbene seitdem für unsere Sache geleistet hat, welche hochbedeutende, großartige Schöpfung er den Kreditgenossenschaften in dem Giro-Verbande hinterlassen hat — das steht bei Allen in so lebendiger Erinnerung, daß es keines Wortes darüber bedarf. Noch sein letztes Tagen mit uns in München zeigte kein Ermatten der alten Kraft. Ja selbst noch bei der von ihm in Gemeinschaft mit dem Anwalt und dem Vorsitzenden des engeren Ausschusses, Bürgermeister Nizze, unternommenen Reise von München über Salzburg nach Wien ließen Haltung und Stimmung des Geschiedenen nicht auf das nahe Ende schließen, und gerade seine Anregung war es, welche die Tour dahin auf ein Stück Alpenlandschaft ausdehnen ließ.

Und zum Schlusse noch ein Wort, zu welchem den Anwalt ein wahres Herzensbedürfniß drängt. Was der Verstorbene uns Allen, unserer Sache gewesen ist, das wissen wir: dem Anwalt war er mehr: ein zuverlässiger erprobter Freund, mit welchem ihn nicht blos gemeinsames Streben, sondern auch nähere, tief menschliche Beziehungen verbanden. Welches feine Verständniß aber bei solchen Berührungen unter der verschlossenen schweigsamen Außenseite sich zeigte, das wird seinen Freunden unvergeßlich sein!

Schulze-Delitzsch.

IV.

Politische Strafprozesse gegen Schulze-Delitzsch und Sörgel (1849 und 1850).

Schulze und Sörgel fügten sich dem Cöthener Beschlusse der demokratischen Partei. Sie enthielten sich der Wahl und auf eine Reihe von Jahren jeder politischen Thätigkeit. Zunächst aber wurden sie von der Regierung wegen ihrer 1848er Thätigkeit mit Strafprozessen verfolgt. Zu ihrem Glück waren seit 1. April 1849 Schwurgerichte auch für politische und Preßvergehen zuständig. Sörgel wurde mit neun andern Eislebern angeklagt, durch seine Theilnahme an den Handlungen des vom 18. bis 11. November 1848 in der Stadt Eisleben bestandenen Sicherheitsausschusses Erregung von Aufruhr versucht zu haben.

Gegen Aufrührer bestimmte das preußische Landrecht in achtundzwanzig Paragraphen (§ 167 bis 195 Titel 20 Theil II) je nach den Umständen die allerschwersten Strafen. Sie steigerten sich gegen die Rädelsführer bis auf viele Jahre Festung oder Zuchthaus, ja mit Peitschenschlägen zum Willkommen und Abschied bis zu verschärfter Leibes- oder Lebensstrafe.

Am 13. November 1849 hat das Schwurgericht zu Halle a. S. alle zehn Angeklagten freigesprochen. Sicherheitsausschüsse waren im November 1848 bei dem Konflikt der National-Versammlung mit dem Ministerium in vielen Städten Preußens eingesetzt. In der Provinz Sachsen lösten sie sich in Folge einer Verfügung des Oberpräsidenten v. Bonin meist nach wenigen Tagen wieder auf. Sörgel scheint für Eisleben als Rädelsführer angesehen zu sein. Die Untersuchung wurde bezeichnet „wider den Kaufmann Sörgel zu Eisleben und neun Genossen.“

Die Akten werden vernichtet sein. Es liegt mir abschriftlich die Beilage zum Schwurgerichtsprotokoll vom 13. November 1849 vor. Sie enthält den Geschworenen vorgelegte Fragen und deren Antworten und das freisprechende Urtheil des Schwurgerichtshofs. Nach diesem waren die Mitangeklagten Sörgels angesehene Männer der Bürgerschaft zu Eisleben. Außer dem 34jährigen Kaufmann Alwin Sörgel waren angeklagt der Berggeschworene Augustin (46 Jahre), Besitzer einer chemischen Fabrik, der Vermessungsrevisor Matthes (49 Jahre), der Rathmann Hirsch (34), der Rathmann Beinert (64 Jahre), in den Freiheitskriegen Soldat beim Lützower Freikorps, der Gymnasiallehrer Dr. Rothe (46 Jahre), Rechtsanwalt Keil (40 Jahre), Kaufmann Sendel (52 Jahre), der Bergmeister Friedrich Müller — in den Freiheitskriegen Marsfelder Pionier — und der Domänen-Rentmeister Dormeyer, früherer Offizier (42 Jahre).

Die Rathmänner Hirsch und Beinert waren von ihrem Amte suspendirt und noch besonders der vorsätzlichen Verletzung ihrer Amtspflichten angeklagt.

Kaum 12 Wochen später stand Schulze-Delitzsch vor dem Schwurgericht in Berlin. Am 4. Februar begann der Strafprozeß gegen die zweiundvierzig steuerverweigernden Abgeordneten der preußischen National-Versammlung. Die Anklage gegen Schulze und seine Genossen war auf Grund desselben § 167 Titel 20 Theil II des Allgemeinen Landrechtes wegen versuchten Aufruhrs erhoben. Ueber den Prozeß erschienen 1850 authentische Berichte mit einer einleitenden Geschichte der Untersuchung von einem der Vertheidiger, dem Advokatanwalt Dorn, der, später Reichsgerichtsanwalt und Geh. Justizrath, als einer der ausgezeichnetsten deutschen Juristen allseitig anerkannt ist. Dorn war auch einer der Vertheidiger in dem Prozeß Waldeck, der vor dem Schwurgericht zu Berlin zwei Monate früher verhandelt wurde und unterm 3. Dezember 1849 mit der Freisprechung des Angeklagten Obertribunalrathes Waldeck endete, nachdem das wider ihn verübte „Bubenstück" selbst von der Staatsanwaltschaft anerkannt war.

Ueber Schulze-Delitzschs Betheiligung am Steuerverweigerungs-Prozeß berichtet Bernstein in seiner Schrift S. 74—87. Er theilt auch den wesentlichen Inhalt der Vertheidigungsrede von Schulze-Delitzsch mit.

Sörgel kam in demselben Jahr noch einmal auf die Anklagebank. Eines politischen Vergehens angeklagt, ward er vom Schwurgericht in Halle a. S. am 18. Juni 1850 freigesprochen. Wegen welchen Vergehens er angeklagt war, konnte ich nicht ermitteln. Die Strafprozeß-Akten sind nicht mehr vorhanden. Aus einer Bemerkung in einem alten beim Landgericht Halle noch vorhandenen Repertorium scheint hervorzugehen, daß es sich um ein Preßvergehen gehandelt hat. Er ist beschuldigt worden, durch öffentliche Behauptungen entstellter Thatsachen Mißvergnügen gegen die Regierung erregt oder diese beleidigt zu haben.

An der politischen Erregung, die dazumal in Eisleben herrschte, mag auch die Maßregelung des Abgeordneten zur National-Versammlung für den Mansfelder Seekreis, Land- und Stadtgerichtsdirektor Dörk beigetragen haben. Dieser war einer der Angeklagten des Steuerverweigerungs-Prozesses. Gegen ihn lag nichts weiter vor, als daß er mehrere Exemplare des den Steuerverweigerungsbeschluß enthaltenen Plakates einem langjährigen Bekannten übersendet hat, der, in Entrüstung über die Wühlerei des „Rumpfparlamentes", die übersandten Schriftstücke eingeschlossen und nicht verbreitet hatte.

Gegen Dörk war Anklage erhoben entgegen der Absicht des Staatsanwaltes; dieser war dazu von der Anklagekammer des Berliner Appellationsgerichtes gezwungen worden. Schon im November 1849, also mehrere Monate vor der Schwurgerichtsverhandlung, wurde Dörk an das Stadtgericht zu Magdeburg als Mitglied des dortigen Stadtgerichtes versetzt. Er hat dort noch eine Reihe von Jahren sein Richteramt verwaltet, hochangesehen auch bei politischen Gegnern.

V.

Schulze-Delitzsch wird aus dem Staatsdienst gedrängt und Volksanwalt und Armenadvokat in Delitzsch.

Die Patrimonial-Gerichtsbarkeit war zum 1. April 1849 aufgehoben. Schulze-Delitzsch hatte nun Anspruch darauf, vom Justizminister als Richter oder Rechtsanwalt angestellt zu werden. Bei der Reorganisation der Gerichte wurde seine Anstellung wegen der gegen ihn schwebenden Untersuchung verschoben und er inzwischen bei dem Kreisgericht in Delitzsch beschäftigt.

Es wurde ihm vom Justizminister mitgetheilt, daß ihm eine Aussicht auf Anstellung als Rechtsanwalt oder Richter in der Provinz Sachsen vor Beendigung der Untersuchung nicht eröffnet werden könne. Später wurde bei ihm angefragt, ob er eine Richterstelle in einem der Appellationsgerichtsbezirke Ratibor, Posen, Bromberg oder Insterburg annehmen werde. Er erklärte darauf, eine baldige Anstellung als Rechtsanwalt bei einem Schwurgericht in den Bezirken Bromberg, Ratibor, Posen würde er vorziehen. Er erhielt darauf die Antwort, er werde überhaupt keine Rechtsanwaltsstelle erhalten. In Preußen gab es damals keine freie Advokatur. Das Richtergehalt begann mit 500 Thaler; Wohnungsgelder gab es noch nicht. Die Verleihung einer Rechtsanwaltstelle wurde wie eine Beförderung für gut gesinnte Richter oder Staatsanwälte behandelt.

Nach seiner Freisprechung wurde Schulze-Delitzsch im März 1850 endlich interimistisch als Richter an das Kreisgericht zu Wreschen versetzt. Durch Berufung auf Erkrankung seines Vaters verzögerte er den Amtsantritt. Inzwischen wählten ihn die Stadtverordneten in Demmin zum Stadtsyndikus; die Regierung aber versagte die Bestätigung. Schulze-Delitzsch trat nunmehr in Wreschen am 1. Juni 1850 ein und wurde am 1. Oktober definitiv zum Kreisrichter ernannt. Kurz vorher hatte er sich verheirathet. Ueber die Chikanen, denen er in Wreschen ausgesetzt wurde, sind die Mittheilungen in Bernsteins Buche S. 88 zu vergleichen. Es wurde ihm wegen Urlaubsüberschreitung das Gehalt auf einen Monat einbehalten. Ferner wurde ihm im Voraus durch eine Verfügung des Appellationsgerichts-Präsidenten in Posen jede Urlaubsbewilligung für das nächste Jahr versagt. Schulze beantragte im September 1851 Aufhebung dieser Verfügung. Er schloß seinen Antrag:

„Sollten Ew. Excellenz mir wider die Verfügung des Königlichen Appellationsgerichtspräsidii keinen Schutz gewähren können, so bitte ich eventuell, da ich meine Gesundheit im Staatswesen zu opfern nicht gesonnen bin, und ohne Gehalt auch nicht einen Monat lang hier subsistiren kann, um meine Entlassung aus dem Justizdienste vom 1. Oktober dieses Jahres an."

Darauf erhielt er seinen Abschied.

Am 1. Oktober 1851 kehrte Schulze mit seiner Frau und dem inzwischen geborenen Sohne nach Delitzsch zurück zur herzlichen Freude seiner Eltern, die ihm sofort in dem großen alten Familienhause eine besondere Wohnung einräumten.

Schulze hatte die Zeit seines Delitzscher Aufenthaltes nach Auflösung der zweiten Kammer 1849 bis zu seinem Abgange nach Wreschen zur Gründung der ersten Genossenschaften in Delitzsch ausgenützt. Er hatte im August 1849 eine Kranken- und Sterbekasse, im Herbst 1849 die erste Rohstoff-Assoziation der Tischler, Ende 1849 die Schuhmacher-Assoziation in Delitzsch begründet. Es folgten im Frühjahr 1850 Rohstoff-Assoziationen von Handwerkern in Eilenburg und im April 1850 die Gründung der ersten Kreditgenossenschaft, des Vorschuß-Vereins zu Delitzsch. Bereits 1850 erschien seine erste Schrift „Mittheilungen über gewerbliche und Arbeiter-Assoziationen". Er behandelt darin, wie er im Vorwort in dem drei Jahre später erschienenen Buche sagte: „Die ersten rohen Anfänge der in Delitzsch von ihm unter Mitwirkung gleichgesinnter Freunde ins Leben gerufenen Assoziationen."

Nach seiner Heimkehr nach Delitzsch setzte er seine Thätigkeit in Gründung von Genossenschaften mit unermüdlichem Eifer fort. Diese Arbeiten brachten aber nichts ein. Den Lebensunterhalt suchte er durch Rechtsgutachten, Vertrags- und Testaments-Entwürfe und durch schriftliche Arbeiten zur Unterstützung eines Delitzscher Rechtsanwaltes zu verdienen. Verwandte und Freunde fanden es bedenklich, daß er seine großen Gaben für so kleine Dinge und ohne genügende Entschädigung verschwende. Ein Brief an einen ihm nahestehenden Freund und Verwandten giebt Zeugniß, in wie würdiger Weise er den ihm gemachten Einwendungen begegnete. Er schrieb am 26. Mai 1852, also sieben Monate nach seiner Heimkehr, als Antwort auf einen leider nicht mehr erhaltenen Brief:

„Erstens bin ich nicht freiwillig aus dem Staatsdienst geschieden, sondern herausgemaßregelt, ... ein Loos, welches mir und Allen von gleicher politischer Stellung gemein ist. Freilich hätte ich mich noch ein bis zwei Jahre hinschleppen können, unter der Bedingung, das Lastthier des ganzen Gerichts zu sein, nie auf Urlaub zu gehen und geistig und physisch zu Grunde zu gehen, auch meine alten Eltern und Heimath nicht wieder zu sehen, und mir nebenbei Gehaltsabzüge machen zu lassen. — Da bin ich lieber gleich gegangen, als mich später, halb ruinirt, doch wegschicken zu lassen. Das ist für Jeden, der die Verhältnisse kennt, sehr einfach. —

Sodann ist es ebenfalls etwas für den Augenblick nicht in unserer Macht stehendes, wo ich meinen Wohnsitz aufschlagen will. Ich **bedarf** der Unterstützung meiner Eltern und kann sie in dem Umfange, wie jetzt, nur in ihrem Hause erhalten; auswärts würde das, was sie mir hier ohne großen Aufwand gewähren können, wie Wohnung u. s. w., viel mehr kosten, und ich würde **mein kleines, sauer erarbeitetes Kapital** in wenigen Jahren absorbiren. Sind die Verhältnisse demnach gegeben, so kommt es nur darauf an, darinnen sich die **möglichst tüchtige Wirksamkeit** zu sichern. Mit der **poetischen** ist es jetzt nichts mehr. In anderen Zeiten und Umständen hätte vielleicht ein Dichter aus mir werden können. Jetzt ist es zu spät. Das bloße Versemachen und Reimeschmieden ist für den Jüngling recht hübsch, eines Mannes aber ist diese Beschäftigung als Hauptthätigkeit seines Lebens nicht würdig. Wer nicht wirklich poetischer Gestaltung gewachsen ist, der mag sein Talent wohl zur Ausschmückung bedeutender Stunden, festlicher Erheiterungen u. s. w. nutzen, sich und Andern einen augenblicklichen Genuß dadurch schaffen, aber der Gesellschaft muß er noch etwas anderes dabei sein und leisten, will er seine Mannesstellung wirklich wahren . . . . .

Was habe ich nun bei den gegebenen Verhältnissen zu thun? Gewiß zuerst nur einem lange gefühlten Drang nachzugeben und die gewonnene freie Zeit zur Ausfüllung mancher wesentlicher Bildungslücken, vorzüglich in den Naturwissenschaften, zu verwenden. Schon habe ich mir mindestens eine Uebersicht verschafft, die mich befähigt, den ungeheuren Fortschritten der Neuzeit zu folgen, und ich denke auch weiter zu kommen, da das Interesse mit jedem Fortschritt wächst.

Aber damit ist es nicht genug, ich muß auch der Gesellschaft etwas sein und leisten, das stellte ich ja als Forderung auf. Meine Vorbildung und ganze Stellung weisen mir eine doppelte Thätigkeit, eine eigentlich juristische und eine „sozialistische", um Dir den Gefallen zu thun, das Wort zu brauchen.

Ich bin nicht mehr Richter, auch nicht Rechtsanwalt, nicht durch meine Schuld, kann also nur als Winkelkonsulent, Bauernadvokat wirken. Das wäre nun Dir und vielen anderen nicht vornehm genug, ich denke anders. Seitdem ich anfing, einen juristischen Beruf vor Augen zu haben, hat mir nichts als so ehrwürdig und poetisch erscheinen wollen, als die alte schöne Würde eines Armen-Advokaten, und der bin ich wirklich jetzt in vieler Hinsicht, und kann in der That mehr wirken, als Du vielleicht glaubst.

Daß ich nach wie vor der Vertrauensmann der ganzen Gegend bin, trotz aller Kabalen meiner Gegner, ist auch etwas. Daß ich in der sozialen Frage der größten und wichtigsten des Jahrhunderts, auch nicht mit leeren Deklamationen, sondern mit recht praktischen Organisationen fortwährend wirke, davon hättest Du Dich bei Deiner letzten Anwesenheit wohl füglich überzeugen können. Ist es denn in Deinen Augen wirklich nichts, hunderten von Familien Kredit und Existenz zu verschaffen? sie vor den Folgen der Krankheit und des Elends zu schützen, durch Belebung und Vermehrung des Verkehrs ihre Umstände zu bessern? Und das nicht durch Almosen, sondern durch Leitung und Anregung ihrer eigenen Kraft, wodurch unausbleiblich ihr menschliches Selbstgefühl ihre bürgerliche Tüchtigkeit in jeder Weise gehoben wird.

Freilich von dem ästhetischen, kavalieren Höhepunkt hast Du keinen Blick in diese niederen Regionen, Du hast keinen Begriff von der menschlichen Erquickung, die mir bei diesen guten und wackeren Leuten oft wird, wenn ich ihren regen Sinn für Bildung, ihre Opferfähigkeit und Herzenswärme mit der Erbärmlichkeit der Bourgeoisie vergleiche, und neue Lust und Kraft zum gemeinnützigen Streben aus dem Verkehr mit ihnen schöpfe. Wenn ich ein Starker bin, wie Du sagst, was ist dann schönerer Beruf als den Schwachen zu helfen?

Ich bescheide mich gern, daß mein Wirkungskreis klein und eng ist, ich hätte ihn gern größer, aber deshalb verschmähe ich ihn nicht, da ich eben keinen andern haben kann, und bestrebe mich lieber, ihn recht auszufüllen, als daß ich mich vornehm zurückzöge nnd gar nichts thäte. Wir müssen im Kleinen beweisen, daß wir des Großen werth sind, und wenn mir wirklich einmal noch eine größere, freiere Wirksamkeit würde, — was ich fast bezweifeln muß —, so hat mich nur diese Thätigkeit im kleinen dazu befähigt. Mit einem Worte: **ich arbeite mit aller Kraft, von den höchsten Ideen, die mich je begeistert haben, so viel**

realisiren zu helfen, als ich kann; und ist es nur ein Stein zum Bau, etwas ist es doch. Aber ehe diese Auffassung nicht allgemein wird, wird's auch mit dem Bau nichts! — — – — Lebe wohl!

Dein Schulze.

Schulze-Delitzsch entschloß sich damals bereits, „**die Förderung des Assoziationswesens in Deutschland zu seiner Lebensaufgabe zu machen.**“ Aber leicht wurde es ihm nicht, in dem kleinen Ackerstädtchen Delitzsch, fernab von großer Industrie durch juristische Arbeiten den Lebensunterhalt zu erwerben. Bei dem fünfzigjährigen Amtsjubiläum seines Vaters, des Justizraths und Richters, früheren Bürgermeisters von Delitzsch, am 2. November 1851, deutete er in einer Festrede es als möglich an, die alte Heimath verlassen zu müssen.

„Aber wie es auch fällt, was wir auch opfern müssen, ob es uns forttreibt von des Vaters Besitz in die Fremde! wir nehmen die alten Hausgötter, wir nehmen der Väter Segen mit, und der, meine Freunde, schafft uns überall die neue Heimath!“ [1])

Damals war er entschlossen, die neue Heimath in dem Industriebezirk Westfalens zu begründen.

Seinem Bruder Heinrich schrieb er einige Jahre später nach dem Tode des Vaters:

„Ich wollte als Gehülfe des Rechtsanwalts Köster nach Hagen in Westfalen gehen, Alles war unter uns abgemacht, eine Wohnung bereits besorgt, da schritten Landrath und Regierung ein, der Aufenthalt in Hagen wurde mir versagt.“

Bald darauf vermachte ihm sein Vater testamentarisch die Grundstücke zu angemessenen Annahmepreisen. Er wollte ihn als Grundbesitzer sicher stellen, daß man ihm

„Bürger- und Aufenthaltsrecht, wenn die Reaktion mächtiger werde, wenigstens in der Heimath nicht vorenthalten könne.“

Sehr allmälig wuchs der Erwerb. Um die Landtagswahl 1852 hatte er sich nicht gekümmert. Aber bei den Wahlen 1855 hielt er mit einzelnen demokratischen Zeitungen dafür, daß die demokratische Partei den von ihm gemißbilligten Entschluß der Wahlentfaltung aufgeben müsse. Aus einflußreichen liberalen Kreisen forderte man ihn auf, zu kandidiren. Er war nicht abgeneigt, darauf einzugehen. Dann schrieb er seinem Freunde:

„Da von allen Seiten Nachrichten einliefen, daß von den alten Gesinnungsgenossen Niemand in den Kammern sein werde, so zog ich mich ganz zurück.“

„Es ist schlimm, daß die Demokratie ihr Interesse nicht besser gewahrt hat. In meinen Augen heißt dies sich selbst aufgeben und ich kann mich mit dieser fortgesetzten Passivität nicht befreunden.“

Weitere Fortschritte im Erwerb bezeugen andere Briefe an seinen Freund Dr. med. Reil in Kosen:

a) Brief vom 11. Januar 1856.

„. . . . Ich arbeite so rüstig, als meine Kraft es zuläßt, an einem großen Ziele; ich verdiene daneben mein Brod durch wissenschaftliche Arbeiten und ich habe für Kunst- und Naturgenuß, wie heitere und ernste Geselligkeit noch immer den

---

[1]) Bernstein a. a. O. S. 90 bis 93.

alten Sinn . . . Freilich werden wir alt, und die Zeit ist vielleicht nicht fern, wo wir mit gebrochner Kraft vor einem unerreichten Ziele still stehen. Ist das aber nicht allgemeines Menschenloos?

Gerade am Schluß des alten Jahres fühle ich recht die Wahrheit des alten Satzes, daß man nur unbekümmert um die Kläffer rechts und links seinen Weg verfolgen soll, um es am Ende doch zu etwas zu bringen. Meine Wirksamkeit auf sozialem Gebiet ringt sich immer mehr durch und ich erhalte von allen Seiten Anerkennung und Nachfolge, wo ich es am wenigsten erwartete. In Oesterreich, wo mein Assoziationsbuch verboten ist, scheint es mit der Gewerbefreiheit auch Tag zu werden — trotz des Konkordats! So schrieben dieser Tage zunächst die Handelskammer zu Linz, dann die zu Kronstadt in Siebenbürgen an mich und erbaten sich meine Bücher und schriftlichen Rath. Ebenso ist die Sache im süd- und nordwestlichen Deutschland im vollen Angriff, und nicht bloß die allgemeine Aufmerksamkeit, sondern eine entschieden günstige Meinung hat sich auf unsere Organisation geworfen. Freilich erwarte ich von dem Wahnsinn der jetzigen Reaktion bei uns selbst in der nächsten Zeit Hemmnisse, da der Haß und das Mißtrauen dieser Menschen gegen die fraglichen Institute und mich alle Grenzen übersteigt. Nun ich werde kämpfen, so lange ich mich rühren kann, das versteht sich, und verschließt sich mir Preußen, so geht es wo anders auch! — — —

Sonst geht es mir und den Meinigen gut. Meine Einnahmen — und das ist denn doch eine Hauptsache — für juristische Arbeiten haben sich mehr als verdoppelt. Besonders machen meine Rechtsgutachten Glück . . . . ."

Von wachsender Zuversicht zeugt

b) der Brief vom 10. Juni 1856:

„Altes Haus!

Meine Associationen greifen in immer weiteren Kreisen durch und befestigen sich täglich mehr, so daß ich die ganze Angelegenheit jetzt für entschieden begründet halten kann, da auch meine Gegner sie anerkennen. Der famose Professor Huber besuchte mich im April auf einige Tage und besah sich hier, in Bitterfeld ꝛc. Alles, wo er dann über den Stand der Sache wahrhaft überrascht war. — — — Ueber mich kommt es wie das Gefühl freien Aufathmens. Seit vorigem Jahre verdiene ich selbst endlich wieder soviel durch meine Arbeit, als ich brauche mit den Meinigen. Das literarische Honorar ist zum Reisen bestimmt und wird von Jahr zu Jahr besser! — Wie immer

Dein Sch."

c) Brief vom 4. Mai 1857.

„Meine sozialen Bestrebungen gehen rüstig fort und finden mit jedem Jahre mehr Verbreitung und Anerkennung, wie sich denn die sämmtlichen Institute hier und in der Umgegend immer mehr konsolidiren und im Verkehr zunehmen. Die Rückwirkung auf den Wohlstand und die Intelligenz der betheiligten Handwerker und Arbeiter läßt sich nicht mehr verkennen, und es fangen endlich gesündere volkswirthschaftliche Ideen und Bestrebungen an, unter ihnen Platz zu greifen. Aus Ungarn, Siebenbürgen, Ostfriesland, Württemberg gehen mir schon häufiger Nachrichten über Gründung von Assoziationen zu und neulich besprach das bekannte Pariser Journal la Presse in einem langen tiefgehenden Leitartikel unser System mit höchster Anerkennung und empfahl es den Franzosen zur Nachahmung, hauptsächlich die Vorschußvereine.

Dein alter Schulze."

d) Nachfolgendes ist einem Briefe entlehnt, dessen Datum nicht vorbemerkt ist — vermuthlich aus dem Winter 1857/58:

„Ich habe viel zu thun, da ich neulich für das Journal des débats, das Journal des Economistes — der bedeutendsten volkswirthschaftlichen Zeitungen Europas — Berichte auf besondere Bestellung der Redaktionen übernommen habe und mich zu einer Reihenfolge Artikel in den Grenzboten verpflichtet habe, wodurch ich mit dem jetzigen Redakteur Freytag in Korrespondenz gekommen bin, den ich als Dichter hoch schätze. Dazu soll noch ein Buch bis Ostern von Stapel und auch an juristischen Aufträgen, die ja hauptsächlich das Brod liefern, fehlt es nicht.

Euer Sch."

VI.

Sörgel als Gründer und Leiter der Diskontogesellschaft zu Eisleben.

Für die weitere Ausdehnung des Genossenschaftswesens war das im Frühjahr 1853 erschienene „Assoziationsbuch für deutsche Handwerker und Arbeiter“ von Bedeutung. Schulze trat in diesem Buche an den Handwerker und Arbeiter mit einem vollständigen Assoziationssystem heran, in der Absicht, „zum praktischen Angriff der Sache anzuregen und das für die erste Organisation Dienliche beizubringen.“

In den nächsten Jahren traten die Vorschußvereine durch ihre Erfolge schnell in den Vordergrund. Anfang 1854 erhielt Schulze sein besonderes Organ in einer stehenden Abtheilung der deutschen Gewerbezeitung unter dem Titel „Die Innung der Zukunft“, die in 8 Nummern alljährlich getrennt bezogen werden konnte. In der Zeitschrift veröffentlichte er die ersten Jahresberichte über Vorschußvereine.

Sörgel hat in dieser Zeit seine Beziehungen zu Schulze erneuert. Er gründete 1854 den Vorschußverein zu Eisleben, der den im Delitzscher Kreise belegenen Vereinen zu Delitzsch, Eilenburg und Zörbig als viertältester folgte. Der Verein begann seine Thätigkeit ebenso bescheiden, wie seine Vorgänger. Er legte das Delitzscher Statut zu Grunde. Schulzes vom 1. März 1856 datirter Jahresbericht für 1855 theilt über den Verein mit, daß er gegenwärtig 101 Mitglieder zähle, im Jahre 1854 735 Thaler, 1855 6416 Thaler baare Vorschüsse an seine Mitglieder ausgegeben habe, dafür 136 Thaler Zinsen nach dem Satze von $2^1/_2$ Pf. vom Thaler auf den Monat, d. i. $8^1/_3$ % auf das Jahr eingenommen habe. Von dieser Einnahme blieb ein Reingewinn von 81 Thalern[1]) übrig, indem die Kassenbeamten so lange auf eine Entschädigung verzichteten, bis ein annehmbarer Reservefonds gebildet sei. Ende 1855 betrug der Betriebsfonds 2359 Thaler, darunter 181 Thaler Guthaben und 118 Thaler Reserven. Der Eisleber Vorschußverein bekam schon 1856 Konflikte mit den Verwaltungsbehörden. Man zwang ihn, sich konzessioniren zu lassen und knüpfte die Ertheilung der Konzession unter anderm an die Bedingung, daß zur Kontrahirung eines

[1]) Ich lasse überall die Groschen und Pfennige fort.

Anlehens für die Vereinskasse jedes Mal die Genehmigung des Magistrats als der Polizeibehörde eingeholt werden müsse. Sörgels Antwort erfolgte prompt. Der Verein beschloß am 13. Oktober 1856 sich aufzulösen und erstand sofort als „Handelsgesellschaft" mit „dem Gesellschaftsvertrage", den Schulze in der zweiten Auflage seines Buches über „die Vorschußvereine" S. 105 abgedruckt hat. Aus dem Vorschußverein war eine „Handelsgesellschaft" unter der Firma „Eisleber Diskontogesellschaft" entstanden, mit dem ausgesprochenen Zweck „für gemeinschaftliche Rechnung" in Eisleben ein Bankiergeschäft zu betreiben. Die Diskontogesellschaft entwickelte sich unter allmäliger Herabsetzung des Zins- und Provisionsfußes bald zu einem ansehnlichen Bankiergeschäft und blieb dabei dennoch eine Genossenschaft unter strenger Aufrechthaltung und Fortführung gesunder genossenschaftlicher Grundsätze. Die Gesellschaft gewährte ihre Darlehne von vornherein nur gegen Wechsel, ging bald dazu über, Wechsel auf auswärtige Plätze zu kaufen, also Geschäftswechsel zu diskontiren, eröffnete später offene Konten, auf die man gegen Hinterlegung eines Sichtwechsels mit Bürgschaft oder mit andern Deckungen bis zur Höhe der durch den Wechsel bestimmten Summe beliebig Geld empfangen und beliebig das Empfangene zurückzahlen konnte, ohne auf das Konto etwas gut zu haben. Einige Jahre darauf wurden laufende Rechnungen eingeführt, die im Kreise der Großhändler, Fabrikanten und Großgrundbesitzer schnell Anerkennung und Benutzung fanden.

Die Einführung des deutschen Handelsgesetzbuches brachte eine neue Prüfung für die Eisleber Gesellschaft. Vorschußvereine, die nur mit den Mitgliedern Geschäfte betreiben, denen also der Charakter einer Handelsgesellschaft abgeht, kannte das Gesetz überhaupt nicht, — „auch die Möglichkeit einer wirklichen Handelsgesellschaft, wie die Eisleber Diskontogesellschaft, war nicht vorgesehen und der Raum, welchen das vielgeschmähte Landrecht der freien Entwicklung gelassen hatte, definitiv versperrt.[1]) Einen Ausweg bot das Einführungsgesetz zum Handelsgesetzbuch. Durch Gesellschaftsvertrag vom 25. Februar 1862, der in der dritten Auflage von Schulzes Buch „Vorschuß- und Kreditvereine als Volksbanken" S. 191 ff. abgedruckt ist, ward die Handelsgesellschaft in eine Kommanditgesellschaft auf Aktien verwandelt. Die Errichtung einer solchen Gesellschaft war damals bereits in Preußen an keine staatliche Genehmigung gebunden, die zur Errichtung einer Aktiengesellschaft erforderlich war. Die Vornahme der Umwandlung vor dem 1. März 1862 sicherte die Vortheile der Artikel 65 und 66 des Einführungsgesetzes. Die neue Gesellschaft konnte die alte Firma beibehalten und brauchte nicht den Namen eines persönlich haftenden Gesellschafters in diese aufzunehmen (Art. 17 H.G.B.); sie konnte das Minimum des Betrages der Aktien auf 10 Thaler, dem-

---

[1]) Dies und das nächstfolgende aus meinem unter dem Beirath von Sörgel verfaßten und in Nr. 2 des Jahrganges 1865 der damals „Die Innung der Zukunft" genannten Blätter für das Genossenschaftswesen veröffentlichten Aufsatz: „Die ersten zehn Jahre eines Vorschußvereins." Ich hatte nach meiner Dezember 1864 erfolgten Uebersiedlung nach Berlin die Mitredaktion der Zeitschrift übernommen. Der Aufsatz enthält außerdem eine Tabelle über den Stand der Vorschüsse, der Geschäftsguthaben, des Reservefonds und der aufgenommenen Darlehne an jedem Jahresschlusse der Eisleber Diskontogesellschaft.

jenigen der bisherigen Geschäftsantheile belassen statt sonst 200 Thaler (Art. 173 a. a. O.). Eine wesentliche Aenderung aber bedingte das Handelsgesetzbuch: die Solidarhaft der Mitglieder fiel bis auf die der Geschäftsführer fort.

Sörgel und seine Eisleber Diskontogesellschaft blieben seitdem in beständiger Berührung mit Schulze-Delitzsch, dessen Rathgeber Sörgel in allen kaufmännischen und Bankfragen war. Er gehörte auch zu denjenigen 8 Vereinsleitern, die mit Schulze zu einer Versammlung der deutschen Vorschuß- und Kreditvereine in der Pfingstwoche 1859 nach Dresden einluden.[1]) Man hatte die Einladung nicht nach einer preußischen Stadt ergehen lassen, weil man selbst unter dem Ministerium der neuen Aera Störungen durch die Regierung befürchtete. Die sächsische Regierung verbot die Versammlung in Dresden, und so fand der „erste Vereinstag deutscher Vorschuß- und Kreditvereine, welche auf der Selbsthülfe der Kreditbedürftigen aus dem kleinen und mittleren Gewerbestande beruhen," Pfingsten 1859 zu Weimar statt.

Sörgel blieb erster Direktor der Eisleber Diskontogesellschaft, bis er am 1. Januar 1865 die Leitung der deutschen Genossenschaftsbank übernahm. Sörgels Nachfolger in Eisleben ward der 1896 verstorbene Otto Meißner, der früher Sörgels Lehrling im kaufmännischen und im Bankgeschäft gewesen und dann in die Direktion der Bank zu Sondershausen eingetreten war. Er trat 1871 als persönlich haftender Gesellschafter in die deutsche Genossenschaftsbank ein und übernahm die Leitung der Kommandite zu Frankfurt a./M.

Der Gesellschaftsvertrag der Eisleber Diskontogesellschaft lief am 30. Juni 1881 ab. Er ward verlängert und zwar auf unbeschränkte Dauer. Diese Bestimmung war die wesentlichste Aenderung, die hierbei das Statut erfuhr. Die Gesellschaft nahm eine fortgesetzte günstige Entwicklung. Nach ihren gedruckten Geschäftsberichten zahlte sie bei 900000 Mk. Aktienkapital für 1895 8½ Prozent, für 1896 9½ Prozent und für 1897 11 Prozent Dividende.

VII.

Die ersten Genossenschaftstage.

A. Der Vereinstag deutscher Vorschußvereine zu Weimar vom 14. bis 16. Juni 1859.[2])

Vertreten waren auf dem Vereinstage 29 Vereine mit im Ganzen 38 Deputirten. Von diesen Vereinen waren zwei, Eisenach und Weimar,

[1]) Außer Schulze und Sörgel hatten die Einladung unterzeichnet die Direktoren von Meißen, Dresden, Leipzig, Sangerhausen, Zerbst, Luckenwalde und Luckau.

[2]) „Mittheilungen über den Vereinstag deutscher Vorschußvereine zu Weimar am 14. bis 16. Juni 1859," eine 28 Seiten umfassende Schrift, die wohl nur noch wenige Vorschußvereine besitzen. Sie enthält 1. eine Liste der auf dem Vereinstage vertretenen deutschen — einschließlich Oesterreichs — Vorschußvereine, 2. die Geschäftsordnung, 3. die von Schulze erläuterten Beschlüsse des Vereinstages, 4. die Sitzungsprotokolle. Beigefügt ist eine Liste über den Bestand der Vorschußvereine mit Benennung ihrer „Korrespondenten". — Die Beschlüsse, aber nicht auch die Protokolle sind abgedruckt in Nr. 5 der „Innung der Zukunft" von 1861.

erst „in der Bildung begriffen"; zwei andere, Riesa im Königreich Sachsen und Laibach in Krain waren nicht durch eigene Deputirte vertreten. Von den übrigen stellte Preußen 14: nämlich die Regierungsbezirke Merseburg und Erfurt der Provinz Sachsen 11 — Benneckenstein, Bitterfeld, Delitzsch, Eisleben, Halle, Liebenwerda, Merseburg, Osterfeld, Sangerhausen, Wittenberg und Zörbig —; Provinz Brandenburg 2 — Luckau und Luckenwalde —; Schlesien 1 — Görlitz. Das Königreich Sachsen zählte 6: Chemnitz, Dresden, Leipzig, Meißen, Mutschen und Reichenbach; die Thüringischen Staaten 4: Allstedt, Gotha, Schleiz und Sondershausen, und Anhalt 1: Zerbst. Von den Vertretern leben meines Wissens nur noch drei, nämlich der Regierungsrath Müller aus Gotha, einer der beiden Vertreter des dortigen Vereins, Professor Biedermann, der als Vertreter eines „in der Bildung begriffenen" Weimarer Vereins aufgeführt wird, der aber nachher nicht praktischer Genossenschafter geworden ist, und der Reichenbacher Deputirte, der damalige Stadtrath Kunze aus Merane, seit langen Jahren Bürgermeister von Plauen. Einer der treuesten Genossenschafter, der bis auf die letzten Jahre alle Genossenschaftstage besucht hat, der damalige Schlossermeister Julius Bichtler, Direktor des Merseburger Vorschußvereins und dessen Vertreter, ist im vorigen Jahre verstorben.

Die von Schulze-Delitzsch vorgelegte Geschäftsordnung für den Vereinstag ward in der Vorversammlung am Abend des 14. Juni angenommen. Die Geschäftsordnung bestimmte, daß die Versammlung verschiedene Abtheilungen bildete. Diese hatten in besonderen Abtheilungssitzungen Beschlüsse für die Hauptsitzungen vorzubereiten und in dieser durch einen Berichterstatter vortragen zu lassen.

In der ersten konstituirenden Sitzung vom 15. Juni ward von 33 Stimmzetteln Schulze mit 32 zum Vorsitzenden und mit 17 Finanzprokurator Hallbauer, Direktor des Meißener Vereins, zum ersten Stellvertreter gewählt. Sodann erstattete in der ersten Hauptsitzung Schulze den Bericht über den Stand und die Verbreitung der „Vorschußvereine in Deutschland, welche auf dem Prinzip der Selbsthülfe der Kreditbedürftigen aus dem kleinen und mittleren Gewerbestande beruhen."

Aus den Protokollen und den Beschlüssen ersieht man, wie schwankend noch die geschäftlichen Grundsätze in den einzelnen Vereinen waren. Nach dem Bericht der ersten Abtheilung wurde eine Resolution über die Sicherstellung der Vorschüsse angenommen. In dieser ward das Bürgschaftssystem gegenüber dem des Personalkredites ohne Sicherstellung empfohlen. Die letztere Art, unter Führung einer Kreditfähigkeitsliste, ward im Meißener Kreditverein gehandhabt und von dessen Vertreter Hallbauer vertheidigt. Das vom Staate genehmigte Statut des Vereins, der Korporationsrechte genoß, sah eine „Repartirung" der solidarischen Verhaftung der Mitglieder vor. Gegen verkehrte Handhabung in den Vereinen war auch ein Antrag von Sörgel und Zapp-Luckau gerichtet:

„Das zu begründende Centralbureau zu beauftragen, daß es die Vereine darauf aufmerksam mache, wie es gegen alle volkswirthschaftlichen Grundsätze sei, Gelder auf längere Zeit auszuleihen, als sie solche selbst erhalten haben . . ."

Von der Berathung des Antrages ward abgesehen und den Antragstellern anheimgegeben, ihn in der „Innung der Zukunft" zu motiviren und den Vereinen zuzustellen. In Gotha ward ein entsprechender Beschluß über diese Frage gefaßt.

Ein Bericht der dritten Abtheilung beschäftigte sich mit Vorschlägen zur künftigen Genossenschaftsgesetzgebung. Angenommen ward mit 15 gegen 11 Stimmen eine Resolution, derzufolge die Voraussetzung für die Unterstellung eines Vereins unter das zu erlassende Gesetz die sein sollte, daß das Verhältniß zwischen dem Stammvermögen einschließlich des Reservefonds und den aufzunehmenden fremden Geldern auf den Minimalsatz des ersteren von 5 Prozent der Anlehen normirt werden sollte. Der von der Abtheilung vorgeschlagene geringste Minimalsatz von 3 Prozent war vorher mit großer Mehrheit abgelehnt worden.

Auf Antrag der zweiten Abtheilung, der unter andern Sörgel angehörte, ward die Gründung eines Centralbureaus beschlossen, welches die Korrespondenz mit den Vereinen führen sollte. Die Kosten des Bureaus[1]) sollten durch Abführung eines halben Prozentes des Reingewinns eines jeden Vereins an dasselbe gedeckt werden. Als amtliches Organ der Vorschußvereine ward die „Innung der Zukunft" bestellt. Schulze-Delitzsch wurde um die Uebernahme des Bureaus ersucht, und ihm die Mittel für dasselbe zur freien Verfügung gestellt. Er nahm die Wahl an.

Schulze veröffentlichte in der „Innung der Zukunft" im Januar 1860 eine ausführliche Erklärung über Annahme der Leitung des Centralbureaus gegen ein Jahresgehalt, welches für den Anfang höchstens 200 bis 300 Thaler ergäbe, und sich hoffentlich im Laufe der Zeit steigern werde. Er erklärte:

„Gegen Gewährung einer solchen theilweisen Renumeration würde man von mir zu erwarten haben, daß ich keine Anstellung im öffentlichen Dienste oder in einem Privatunternehmen annehmen würde, welche mich hinderte, der bezeichneten Aufgabe so viel von meiner Zeit und Kraft zu widmen, als mir die Sorge um die eigene Subsistenz dazu übrig läßt — ein Maß, welches natürlich durch die Höhe der zu gewährenden Renumeration einigermaßen bedingt wird."

Er entwickelte dann, worauf sich seine Thätigkeit hauptsächlich zu erstrecken habe.

Die Gesammtzahl der deutschen Vorschußvereine war damals 111. Von diesen waren 51 in Preußen (Sachsen 23, Brandenburg 11, Schlesien 6, Preußen 5, Pommern 4, Posen und Westphalen je 1), in Sachsen 22, in Hannover 13; die Thüringischen Staaten stellten 7, Anhalt 5, Baden und Bayern je 4, Hessen und Mecklenburg je 2 und Oesterreich 1.

In Weimar hatte Schulze-Delitzsch eine politische Besprechung mit zwei jungen Rechtsanwälten, Hering aus Eisenach und Fries aus Weimar, die als Vertreter der beiden „in der Bildung begriffenen" Vereine aufgeführt wurden. Die Folge war eine Versammlung sächsischer, thüringischer und fränkischer Demokraten zu Eisenach, am 17. Juli, auf der Schulze der einzige Preuße war. Eine zweite Versammlung dort am 14. August führte zur Gründung des deutschen Nationalvereins zu Frankfurt a./M. am 15. September 1859.

B. Der Vereinstag zu Gotha vom 31. Mai bis 2. Juni 1860.[2])

Durch Bevollmächtigte nahmen am Vereinstage 33 Vereine theil, von denen 16 schon in Weimar vertreten waren. Zum ersten Mal waren

[1]) Die Kosten des Vereinstages wurden durch einen Betrag von einem Thaler pro Verein bestritten.

[2]) Die gedruckten „Mittheilungen über den zweiten Vereinstag der auf Selbst-

vertreten die Vereine von Aschersleben, 2 aus Berlin („die Darlehnskasse der Bezirke 102 A—D" und der „Vorschußverein des Bezirks 64"), Bischofswerda, Calbe a. d. Saale, Cöthen, Kolberg, Dessau, Gardelegen, Hettstädt, Ichtershausen, Rochlitz, Rostock, Rothenburg, Wechselburg, Weißenfels, Zwickau.

Unter den Vertretern neuer Vereine befanden sich unter Anderen Rechtsanwalt Plato-Kolberg, Advokat Nizze-Rostock, Bureauchef Bensemann-Berlin, Posthalter Fröhner-Wechselburg, Kaufmann Dietrich-Zwickau. Ich selbst vertrat den von mir im September 1859 gegründeten Vorschußverein zu Gardelegen. Außerdem betheiligten sich an den Verhandlungen des Vereinstages angesehene Männer aus Gotha, darunter Spezialkommissar Müller, Rechtsanwalt Dr. Friedrich Henneberg, die später zeitweilig Reichstagsabgeordnete für Gotha waren. Unter den Lebenden weilen von den Genannten noch außer mir Nizze, Fröhner, der damalige Spezialkommissar, jetzige Justizrath Müller und der schon in Weimar als Vertreter anwesende Direktor des Gothaer Vereins, Regierungsrath a. D. Müller.

In der ersten Sitzung vom 31. Mai ward Schulze-Delitzsch zum Vorsitzenden, Direktor Schöne-Dresden[1]) und Justizrath Giseke-Eisleben zu Stellvertretern gewählt.

Von den Beschlüssen des Vereinstages kam der „Entwurf eines Genossenschaftsgesetzes" später nicht mehr in Betracht, da es nach Erlaß des deutschen Handelsgesetzbuches 1861 angemessener erschien, künftige Gesetze über die auf Selbsthülfe beruhenden Erwerbs- und Wirthschaftsgenossenschaften an das Handelsgesetzbuch anzuschließen. Bei dieser Gelegenheit ward ferner beschlossen, nach dem Vorschlage des Kongresses deutscher Volkswirthe das deutsche Wort „Genossenschaft" an Stelle des Fremdwortes „Assoziation" zu setzen. Auf das Referat des Berichterstatters der ersten Abtheilung Schöne-Dresden, ward folgende Resolution gefaßt:

„Die Herausziehung der Geschäftsantheile (des Guthabens) der Mitglieder während der Dauer der Mitgliedschaft ist unbedingt zu verwerfen und in den Statuten zu untersagen, als die Existenz der Vereine in ihrer wesentlichen Grundlage bedrohend."

Sörgel beantragte zu beschließen:

„Die Vorsicht gebiete den Vereinen, im Allgemeinen Gelder nicht auf sofortige Rückzahlung oder kürzere Kündigungsfristen anzunehmen als sie selbst ihren Mitgliedern (Schuldnern) gewähren."

Es wurde ein ausführlicher, dem Antrage wesentlich entsprechender Beschluß gefaßt.

Einige der größeren Vereine waren bereits auf Abwege gekommen. Der Direktor des weitaus größten Vereins in Dresden Schöne, der

---

hülfe der Kreditbedürftigen im genossenschaftlichen Wege beruhenden „Deutschen Vorschuß- und Kreditvereine zu Gotha" von Schulze-Delitzsch enthalten a) die Liste über die Betheiligung am Vereinstage, b) den Bericht über den Vereinstag, c) seine Geschäftsordnung, wörtlich von dem Weimarer übernommen, d) seine Beschlüsse, e) den Stand des Zentral-Korrespondenz-Bureaus deutscher Vorschuß- und Kreditvereine.

[1]) Nach dem Jahresbericht von 1860 hatte der von Carl G. Schöne 1858 gegründete und geleitete Spar- und Vorschußverein im Jahre 1860 bei 2582 Mitgliedern beinahe $2^1/_3$ Millionen Thaler an Vorschüssen bis 3 Monat zu 8 bis 9% Zinsen gewährt und 16% Dividende vertheilt.

vom Bankwesen nichts verstand, imponirte den Mitgliedern durch die Redensart: Die Vereine müßten „der Geldschrank des gesammten Publikums werden, in dem Jeder, der Geld hat, es niederlegt, und Jeder, der Geld braucht, es holt.“ Er wollte dem Direktorium die weitesten Befugnisse zugestehen im Gegensatz zu der Generalversammlung der solidarisch verhafteten Mitglieder.

In einigen Vereinen war man zu dem verkehrten Verfahren gekommen, Vorschußnehmern auf längere Zeit Zinsen zu geringerem Satz abzunehmen, also auf das längere Kreditnehmen eine Prämie zu setzen. Auch kam die Abweichung vor, die Dividenden nicht nach Höhe des Kapitals, sondern nach Höhe der gezahlten Zinsen zu vertheilen.

Schulze ist, unterstützt von Sörgel, den ausschweifenden Ansichten von Schöne und einigen Andern mit Entschiedenheit entgegengetreten.[1])

Für das in Weimar konstituirte Zentralkorrespondenzbureau ward ein engerer Ausschuß, bestehend aus den Vorständen von fünfzehn Vereinen eingesetzt, dessen Mitglieder bei wichtigen Maßregeln befragt werden sollten.

C. Der Vereinstag zu Halle a. d. Saale vom 21. bis 23. Mai 1861.[2])

Auf dem Vereinstag zu Halle erschienen zum ersten Male auch Vertreter von „Rohstoff-Genossenschaften.“ Vertreten waren unter andern Schneiderassoziationen aus Colberg, Halle a. d. Saale, Magdeburg und Potsdam, Schuhmacherassoziationen aus Delitzsch, Dessau, Merseburg und Zörbig und eine Weberassoziation aus Halle a. d. Saale.

Von Vorschuß- und Kreditvereinen waren 49 vertreten. Die meisten Vertreter auf dem Gothaer Vereinstage waren auch in Halle wieder erschienen. Zum ersten Mal wohnten als Vertreter dem Vereinstage unter andern bei Tischlermeister Troitzsch von Delitzsch, bis heute ein regelmäßiger Besucher der Genossenschaftstage, Drechslermeister Rudolph-Halle, später langjähriger Revisor des Thüringer Verbandes, und Kaufmann Paul Gerhardt von Herzberg. Der Letztere und Troitzsch sind noch heut Leiter von Vorschuß- nnd Kreditvereinen.

Von den unter Vorsitz Schulzes gefaßten Beschlüssen ist zu erwähnen ein mit großer Mehrheit angenommener Antrag der ersten Abtheilung (Referent Nizze-Rostock), der auf Sörgels Anregung zurückzuführen ist, wonach den größeren Vorschußvereinen die Einrichtung der kaufmännischen doppelten Buchführung empfohlen ward. Manche der Vorschußvereine hatten sich noch nicht entschlossen, nur an Mitglieder auszuleihen. Ein dahin gerichteter Antrag fand lebhaften Widerspruch. Ein gegnerischer Antrag, diesen Punkt für eine offene Frage zu erklären, jedenfalls aber

---

[1]) Vergleiche Innung der Zukunft 1861. S. 34—43.

[2]) Die „Mittheilungen über den dritten Vereinstag der auf dem Prinzipe der Selbsthülfe beruhenden deutschen Vorschuß-, Kredit- und Rohstoff-Vereine zu Halle a. d. Saale vom 21. bis 23. Mai 1861“ von Schulze-Delitzsch gleichen inhaltlich denjenigen von Gotha. Nur enthalten sie, wie die Weimarer auch die Sitzungsprotokolle. Die Anlagen enthalten die Listen der „dem Zentralkorrespondenzbureau deutscher Genossenschaften beigetretenen Vereine“ und der bei dem Zentralbureau eigegangenen Kassenbeiträge.

die Bedürfnisse der Mitglieder vor Allem im Auge zu haben und sie im Zinsfuße gegen Nichtmitglieder niemals zu benachtheiligen, fand trotz Schulzes Widerspruch lebhafte Unterstützung. Nur mit 23 gegen 19 Stimmen ging man auf meinen Antrag über die Frage zur Tagesordnung über.

Eine Aenderung erfuhr der durch den Gothaer Vereinstag dem Zentralbureau beigegebene engere Ausschuß. Es wurde beschlossen, daß er in Zukunft nicht aus Vereinen, sondern aus fünf Personen bestehen solle, von denen wenigstens eine den Rohstoff-Assoziationen angehören müsse. Es wurden mit Stimmzetteln Schneidermeister Schulte-Potsdam, Sörgel, Kaufmann Schilling-Dresden, Fabrikant Gerlach-Luckenwalde und ich zu Mitgliedern des Ausschusses gewählt.

Nach der Liste der Anlagen waren dem Zentralkorrespondenzbureau beigetreten 109 Vorschuß- und Kreditvereine und 21 Rohstoff-, Magazin- und andere Genossenschaften.

Der neu gewählte engere Ausschuß war beauftragt worden, die außerhalb der Zentralbureaus stehenden Genossenschaften öffentlich zum Anschluß aufzufordern. Er hatte sich dieser Pflicht durch einen von Sörgel verfaßten Aufruf vom September 1861 entledigt, der in der „Innung der Zukunft" 1861 Nr. 10 veröffentlicht und auch in das 1870 erschienene Sammelwerk S. 105 f. aufgenommen ist.

VIII.

Sörgels Aufsätze in der „Innung der Zukunft" 1862 und der Potsdamer Vereinstag.

„Die Innung der Zukunft" wurde vom 1. Januar 1861 ab von der „Deutschen Gewerbezeitung" losgetrennt und erschien nun als selbständiges Blatt. Zuerst in 10 Nummern im Kommissionsverlag von Georg Mayer in Leipzig; dann als Monatsblatt im Selbstverlage Schulzes, der Anfang 1861 ins Abgeordnetenhaus gewählt und Ende März 1862 von Delitzsch nach Potsdam übersiedelte.[1]) Seit 1865 wurde es Wochenblatt. Sörgel wurde 1862 Mitarbeiter. Aus den in der Innung der Zukunft Anfang der sechziger Jahre veröffentlichten Aufsätzen ist zu erkennen, wie sehr die Vorschuß-Vereine damals im Vergleich zur Gegenwart noch in den Kinderschuhen steckten, wie weit sie noch entfernt waren, wirkliche Volksbanken zu sein. Mit dem Großbankwesen stand es freilich noch weit schlimmer. — In seinem ersten Aufsatze vom 15. Februar 1862, „Die Gewinnberechnung bei den Vorschußvereinen" entwickelte Sörgel die Nothwendigkeit, bei der Gewinnberechnung die vorauserhobenen Zinsen und Provisionen nur bis Jahresschluß in Rechnung zu stellen, die überhobenen Zinsen auf das folgende Jahr gut zu schreiben. Die Lehre von den Antecipandozinsen war vielen der älteren Vereine noch unbekannt.

Schulze knüpfte an den Aufsatz Bemerkungen. Er erkannte die Ausführungen in vollem Maße als richtig an. Es werde in dieser Weise wohl bei allen größeren Vereinen bei Aufstellung der Jahresrechnung

[1]) Erst 1864 ging das Blatt in den Verlag von Keil in Leipzig über.

verfahren. Auch in der in der letzten Nummer der „Innung der Zukunft" von 1861 veröffentlichten Anleitung zur einfachen Buchführung für Vorschuß- und Kreditvereine war bei Aufstellung der Bilanz ausgeführt worden, daß die mehr erhobenen Zinsen für das nächste Rechnungsjahr zu den Passiven gehörten. Aber Schulze hielt doch zu Gunsten der Gründungen neuer kleiner Vereine den Vorbehalt für nöthig, daß man „von den zeitraubenden und mühseligen Berechnungen, wenigstens so lange der Verkehr nicht bedeutende Dimensionen angenommen habe," allenfalls werde absehen können.

Pfingsten 1862 fand der vierte Genossenschaftstag, der jetzt genannt wurde „Allgemeiner Vereinstag der auf Selbsthülfe beruhenden deutschen Vorschuß- und Kredit- und Rohstoff-Vereine" zu Potsdam statt. Sörgel war dort nicht anwesend. Es wurde beschlossen, die Zahl des aus 5 Mitgliedern bestehenden Ausschusses auf 7 zu erhöhen. Nach den Mittheilungen wurden durch Stimmzettel gewählt: Kaufmann Sörgel-Eisleben, Kreisrichter Parisius-Gardelegen, Advokat Nizze-Rostock, Prokurator Schenck-Wiesbaden, Regierungsrath Müller-Gotha, Postverwalter Fröhner-Wechselburg, Schneidermeister Schulte-Potsdam.

Auf diesem Vereinstage wurde auf Schulzes Antrag der so oft citirte Beschluß gefaßt

„wonach zur Sicherung der Mitglieder gegen die Gefahren der Solidarhaft diene die Bildung eines ansehnlichen zu den aufgenommenen fremden Geldern im Verhältnis stehenden Vereinsfonds in Reservefonds und Geschäftsantheilen der Mitglieder, der anfänglich mindestens 10% betragen und allmählich auf 50% gebracht werden und dessen Verhältniß die Generalversammlung fortwährend regeln und überwachen muß."

Der Beschluß war schlecht formulirt. Ich war von Schulze zum Referenten bestellt, bin aber an der Formulirung unschuldig. Ohne Erläuterung wurde dieser wie die anderen Beschlüsse von Schulze veröffentlicht (Nr. 5 Innung der Zukunft).

Auch die folgenden Monate brachten keine Erläuterungen. Der Beschluß gab Sörgel, der ihn mißverstanden hatte, Anlaß zu einem ausgezeichneten Aufsatze vom 17. August 1862 in Nr. 8 der Innung der Zukunft „Ueber das Verhältniß des eigenen Kapitals zum Betriebskapital bei Vorschuß- und Kreditvereinen.[1]) Sörgel hatte irrthümlich gemeint, es sei in Potsdam empfohlen, das eigene Kapital auf 50% nicht der fremden Gelder, sondern des ganzen Betriebsfonds zu bringen. In seinem Aufsatze stellte er in knappen, kurzen Sätzen Grundsätze auf, die noch jetzt für alle Kredit-Genossenschaften maßgebend sein sollten. Es heißt darin:

„Die Sicherung der Mitglieder gegen die Gefahren der Solidarhaft darf nicht der einzige bestimmende Grund für das Verhältniß des eigenen Kapitals zu dem im Geschäft angelegten fremden sein. Die Natur des Geschäftes erfordert allerdings zunächst Rücksicht zu nehmen:

1. auf die solide Begründung durch eigenes Kapital, dann aber auch

2. auf einen entsprechend niedrigen Zinsfuß für die den Mitgliedern zu gewährenden Vorschüsse und

---

[1]) Schulze berichtigte den Irrthum nicht, sondern behielt sich nur vor, seine in einigen Punkten abweichenden Ansichten in der nächsten Nummer beizubringen.

3. auf die Erzielung einer vernünftigen Ansprüchen genügenden Dividende.

Es handelt sich darum zwischen diesen nach verschiedenen Richtungen gravitirenden Faktoren das Gleichgewicht zu finden.

Durch die den Mitgliedern gewährte Freiheit des Austritts . . . . wird das Gesellschaftsvermögen, das dem Vereine unter allen Umständen verbleibende eigene Kapital, in Wahrheit auf den Betrag des Reservefonds beschränkt. Es macht sich damit die Nothwendigkeit geltend, den Austritt der Mitglieder zu erschweren . . . und hauptsächlich die schnelle und ansehnliche Vermehrung des Reservefonds zu bewirken."

Sörgel sprach sich hierbei gegen die in den Statuten übliche Bestimmung aus, wonach die Vermehrung des Reservefonds aufgehoben werden solle, wenn derselbe 10 % des Guthabens der Mitglieder erreicht hat. Er nahm, wie bereits erwähnt, irrthümlich an, es sollte nach dem Beschluß des Potsdamer Vereinstages die Steigerung des Gesammtguthabens auf 50% des Betriebsfonds angestrebt werden:

„Diese Höhe muß sich jedoch als ein drückender Uebelstand geltend machen, denn sie bedingt entweder einen hohen Zins für gewährte Vorschüsse oder eine niedrige Dividende."

Ein langsames und vorsichtiges, erst nach gemachten Erfahrungen und mehreren Rechnungsabschlüssen eintretendes Herabsetzen des Zinses für Vorschüsse empfiehlt sich wegen der nöthigen Anschwellung des Reservefonds und der nicht minder nöthigen Bedächtigkeit von Seiten der Vorschußnehmer bei Benutzung des offenstehenden Kredites. Aber das Herabsetzen des anfänglich hohen Zinses und die Annäherung desselben an den sonst üblichen Satz bei persönlichen Krediten muß doch immer das zu erstrebende Ziel sein. Ein entsprechend niedriger Zins allein macht die vom Vereinstage zu Potsdam empfohlene Herbeiziehung des städtischen Mittelstandes und der Bauern dauernd möglich. Und gerade eine dauernde Mitgliedschaft und Kundschaft dieser Bevölkerungsklasse wird die Vereine bei größeren Krisen widerstandsfähig machen. Je größer die Kundschaft, und je mannigfaltiger die geschäftlichen und vermöglichen Hülfsquellen derselben, um so geringer wird auch bei unsern Vereinen verhältnißmäßig das Risiko des Kreditgebers und Kreditnehmers.

Es bliebe nun die Frage zu beantworten, ob sich unter den hier gegebenen Verhältnissen eine niedrige Dividende vermeiden läßt? Nächst den Zinsen für größere Vorschüsse wird der Reinertrag des Geschäfts durch den zugestandenen Zins für aufgenommene Darlehen bestimmt. Hierbei würden manche Vereine erhebliche Ersparnisse machen können, wenn sie ihre Maßregeln danach nehmen wollten. Vorzüglich wird für sogenannte Spareinlagen mit oft ganz unverantwortlich kurzen Rückzahlungsbedingungen ein Zins gewährt, der den marktgängigen sehr erheblich übersteigt. Möchten doch die Vereine das von den Sparkassen in Zeiten des humanistischen Nebels und der Kindheit der Volkswirthschaft gefahrene Gleis vermeiden, welches sie in künftigen, durch höhere wirthschaftliche Entwicklung verstärkten Krisen dem Verderben entgegen führen muß.

Die gebotene Gelegenheit, jede Summe sogleich ohne Umstände und Kosten zinsbar anzulegen, die in der solidarischen Haft vieler und zum Theil wohlhabender Mitglieder gewährte große Sicherheit, endlich die in gewöhnlichen Zeiten gegen Provision sofort erfolgende Rückzahlung sind für den Darleiher so vortheilhaft, daß ein niedriger Zins vollkommen gerechtfertigt ist.

Durch eine Herabsetzung des Zinses für Vorschüsse und damit angebahnte Ausbreitung der Kundschaft und Vergrößerung des Geschäfts macht sich auch eine Minderung der den ausführenden Personen als Gehalt bedungenen Prozente am Reingewinn — denn eine Besoldung nach Prozenten der Bruttoeinnahme ist auf die Dauer unhaltbar — sehr wohl möglich, ohne die Summe des Gehaltes zu mindern, ja selbst ohne ihr Verhältniß zur erhöhten Leistung zu mindern."

Die besprochenen Verminderungen der Ausgaben seien aber ungenügend, bei einem eigenen Betriebsfonds von 50 % der fremden Gelder eine entsprechende Dividende zu sichern. . .

Hiernach kam Sörgel schließlich dahin, zu empfehlen,

„das eigene Betriebskapital, das Guthaben der Mitglieder und den Reservefonds zusammen auf 30 % des ganzen Betriebskapitals zu halten, dagegen die Sicherung der Mitglieder gegen die Gefahren der Solidarhaft in der Geschicklichkeit und Besonnenheit der Geschäftsleitung im Allgemeinen und in der Zahlungsfähigkeit der Kunden im Besondern zu suchen."

In der folgenden Nummer 9 der „Innung der Zukunft" klärte Schulze-Delitzsch das Mißverständniß Sörgels auf. Sörgels Meinung über das Verhältniß des eigenen Kapitals zum Betriebsfonds fiele mit dem Beschlusse des Vereinstages im Wesentlichen zusammen. Die Vereine sollten erstreben, den eigenen Fonds (Guthaben und Reserve) bis auf $1/3$ des gesammten Betriebsfonds, also auf $33 1/3$ % zu bringen, während Sörgel 30 % als die zu erstrebende Höhe annehmen. Schulze-Delitzsch schloß mit der Bemerkung, Sörgel möge aus diesem entnehmen, wie sehr seine Anwesenheit auf dem Vereinstage im Interesse der gemeinsamen Sache wünschenswerth sei, der er durch seine seltene Einsicht, Kenntnis und praktische Erfahrung schon so wesentliche Dienste geleistet habe.

Es ist nicht zu bezweifeln, daß bei Anwesenheit Sörgels in Potsdam eine bessere Fassung des Beschlusses angenommen sein würde. Wird das Verhältniß des eigenen Vermögens zum Betriebskapital eines Kreditvereins von demselben durch eine Reihe von Jahren dargestellt in dem Prozentsatz des eigenen Vermögens zum fremden Kapital, so wird dadurch die Prüfung sehr erschwert. Seit Jahren habe ich mündlich und in Aufsätzen dieser Blätter wiederholt den Wunsch ausgesprochen, die Vereine und Verbände möchten sich endlich entschließen, stets das Verhältniß des eigenen Vermögens zum Betriebsfonds und nicht zu den fremden Geldern anzugeben. Zu meinem großen Bedauern wird mein Wunsch noch in manchen Vereinen und Verbänden nicht befolgt.

Von gleicher Wichtigkeit für die Entwicklung unserer Vorschußvereine war der Aufsatz Sörgels „Einige Worte über laufende Rechnungen", S. 74 in Nr. 9 dieser Blätter 1862. Dieser Aufsatz und die daran anschließenden „Beispiele und Buch- und Rechnungsformulare zu laufenden Rechnungen" in Nr. 11 S. 90 sind auch aufgenommen in dem 1870 erschienenen Sammelwerk Schulze-Delitzsch S. 465 bis 473. Leider werden viele jüngeren Vereine weder den Jahrgang 1862 der „Innung der Zukunft" noch dieses Sammelwerk in ihrer Bibliothek besitzen. Dieselben Grundsätze, die Sörgel schon 1862 in seinem Aufsatze über laufende Rechnungen vertrat, finden sich natürlich in den späteren Auflagen von Schulzes Buche wieder, auch in der neuesten von Dr. Crüger. Sie sind noch heute nach 36 Jahren bei den ganz veränderten Bankverhältnissen wichtig und beherzigenswert.

Ich will hier nur die ersten Abschnitte und den Schluß des Aufsatzes zum Abdruck bringen.

„Vor der für unsere Institute eintretenden Möglichkeit, laufende Rechnungen mit Sicherheit für das Geschäft sowohl, als auch für die Kunden gewähren zu können, müssen folgende Bedingungen erfüllt sein:

1. das Geschäft muß bereits einen größeren Umfang und stetige Verhältnisse gewonnen haben;

2. es müssen größere Hilfsquellen selbst geschaffen sein und von außen dem Geschäfte zu Gebote stehen;

3. das Geschäft muß unter einer Leitung stehen, welche nicht nur die Verhältnisse des Ortes und der Einzelnen kennt und im Allgemeinen richtig beurtheilt, sondern auch die politische und wirthschaftliche Lage Europas versteht und überblickt.

Der Uebergang der Vorschußvereine für gewisse Erwerbsklassen in Volksbanken für Alle wird in den mittleren Städten sich am leichtesten und am naturgemäßesten vollziehen, wo der Platz noch nicht von Bankiers ausgefüllt ist und durch diese dem Bedürfnisse bereits genügt wird. Sind bereits Bankiersgeschäfte vorhanden, dann werden unsere Vereine einen schwierigen Stand haben, weil ihrer vielköpfigen und zeitraubenden Verwaltung und der Starrheit der einmal geltenden Geschäftsnormen die Einheit des Willens, die Schnelligkeit der Ausführung und die sich den Umständen einfügende Geschäftscoulance gegenüber steht. Die Schwierigkeit des Ueberganges zum Stadium der Volksbank beweist an solchen Orten eben nur den Mangel an wirthschaftlicher Dringlichkeit, und mahnt zu erhöhter Besonnenheit und langsamem Vorschreiten.

Zu den selbst geschaffenen Hülfsquellen, welche vor Einrichtung laufender Rechnungen geöffnet sein müssen, gehört zunächst ein festes und genügend großes eigenes Kapital. Diejenigen Vereine, welche ein geringes eigenes Kapital haben und folglich von Kredit in einem höheren als dem unausreichlichen Grade abhängen, können nur mit wenig Sicherheit auf Worthalten versprechen, täglich größere Summen zur Verfügung der Kunden zu haben, auf deren Kredit und auf Rückforderung eingezahlter Gelder.

Weiter gehört zu den selbstgeschaffenen Hülfsquellen die allein durch einen größeren Umfang der Geschäfte begründete geschäftliche Möglichkeit, einen großen Kassenbestand zu führen. Denn, wenn ich den Kunden zusage, Geld zu ihrer täglichen Verfügung bereit zu halten, muß es zum großen Theile auch wirklich im Kasten liegen.

Die hier bezeichneten selbst geschaffenen Hülfsquellen werden bei manchen Vereinen erheblich beschränkt durch das gegebene Versprechen, die empfangenen Spareinlagen sofort oder nach kurzen Kündigungsfristen zurückzahlen zu wollen. Diese Einrichtung ist schon die eine, die negative Seite der laufenden Rechnung. Vereine, welche den Spareinlegern, mehr versprochen haben, als sie voraussichtlich halten können, sollten bei Gewährungen laufender Rechnungen ganz besonders zurückhaltend sein.

Es wird unerläßlich sein, Gelegenheit zu haben, das auf laufende Rechnung einkommende Geld im gewöhnlichen Laufe der Dinge und im Durchschnitt im eigenen Geschäft benutzen zu können."

Es folgen dann Auseinandersetzungen über die Hülfsquellen, die sich manche Vereine bei Großbanken eröffnen müssen, welche Gefahren sie dabei laufen, und wie sie dieselben möglichst vermeiden können. Der Aufsatz schließt:

„Wenn sich ein Verein entschließt, nicht nur seinen Mitgliedern auf laufende Rechnung Kredit zu gewähren, sondern auch auf laufende Rechnung Gelder gegen Verzinsung von ihnen anzunehmen, empfiehlt es sich, der Uebersichtlichkeit des Geschäftsstandes, der einfacheren Zinsberechnung und der Nothwendigkeit eines größeren Unterschiedes des bei der Zinsberechnung für Soll und Haben halber — das Soll und Haben auf laufende Rechnung überhaupt ganz zu trennen und die verschiedenen Geschäfte auch unter verschiedenen Namen zu führen.

Ist Jemandem ein Kredit auf laufende Rechnung gewährt, so mag er nur berechtigt sein, auf diesem Konto etwas zu schulden und das Schuldige wieder abzuzahlen. Ist ihm auch gestattet, Geld verzinslich anzulegen und es nach seinem Willen jederzeit zurückzufordern, so mögen diese Geschäfte auf einem Konto mit andern Namen verzeichnet werden. Damit werden die bezeichneten drei Vortheile erlangt."

IX.

Sörgels Aufsatz über die Fröhnersche Zentralstelle 1863.

In der „Innung der Zukunft" für 1863 befindet sich nur ein Aufsatz von Sörgel (S. 43), überschrieben: „Die Fröhnersche Zentralstelle."

Seit 1861 waren Unterverbände des Allgemeinen Verbandes entstanden, zuerst im Königreich Sachsen, seit 1862 am Mittelrhein, im Rheinland und in Schlesien. An den Unterverbänden durften nur diejenigen Genossenschaften theilnehmen, welche dem Allgemeinen Genossenschaftsverbande angehörten. Der Direktor des Verbandes der Genossenschaften des Königreichs Sachsen, Fröhner von Wechselburg, hatte dem vierten Vereinstag der sächsischen Vorschuß- und Kreditvereine zu Chemnitz, Oktober 1862, einen Statutentwurf vorgelegt und darin eine Art Zentralstelle für das Königreich Sachsen vorgeschlagen.

Es erhob sich unter den Vereinen ein lebhafter Streit. Die „Innung der Zukunft" enthält darüber Aufsätze von Schulze-Delitzsch, Wild-Waldheim, Kretzschmar-Großenhain, Böhme-Radeberg, Nizze-Rostock.

Die zu gründende sächsische Landeszentralstelle sollte die Kapitalvermittelung zwischen den Kreditvereinen übernehmen. Sörgel erhob eine Reihe von Bedenken. Der sächsische Verband zeigte anfänglich einen etwas partikularistischen Anstrich. Man darf nicht vergessen, daß 1863 an einen norddeutschen Bund oder gar an ein deutsches Reich nicht entfernt zu denken war und ebensowenig an ein gemeinsames deutsches Genossenschaftsgesetz. Die sächsischen Vereine fürchteten deshalb bei diesen Erörterungen eine Bevormundung durch Anwaltschaft, engeren Ausschuß und Vereinstag. Sörgel schickte ein „unerläßliches Präludium" seinem Aufsatze, der in das Sammelwerk nicht aufgenommen ist, vorauf:

„Keiner der bisher abgehaltenen Vereinstage, kein Schriftstück der Anwaltschaft oder des engeren Ausschusses hat je etwas anderes prätendirt, als dies oder das zu empfehlen. Ein Befehl, welcher Unterordnungen erwartet, ist nirgends und niemals versucht. Ist zuweilen ein Rath ertheilt, eine Warnung ausgesprochen, so ist dies nicht nur mit der Absicht zur Sache geschehen, sondern bisher auch mit gutem Willen und freundlich aufgenommen. Und wenn die gute Laune und unverdrossene Fortarbeit der Rathgeber und Warner, trotz der theilweisen Unerheblichkeit ihrer Erfolge erhalten geblieben, so beweist dies eben schlagend die Reinheit ihrer Absicht.

Diesen Standpunkt habe ich mit allen übrigen Mitarbeitern gemeinschaftlich, und es kann weder Herrn Fröhner oder einem andern Herrn der Versuch gestattet werden, denselben in der Meinung der Leser zu verrücken. Die Verschiedenheit der Ansicht und die offene Darlegung derselben beabsichtigt nicht und kann nicht bewirken, die Freiheit der Entschließung irgend zu beeinträchtigen. So wenig beansprucht es irgend einer von denen, welche eine andere Meinung veröffentlichen. Wir Alle streben bei der gemeinschaftlichen Sache unserem Anwalte ein, freilich nicht ebenbürtiger, Mitarbeiter zu sein.

Den Lokal-Patriotismus für seine Meinungen ins Feld zu rufen, möchte füglich auch unterbleiben."

Nach dieser Einleitung hob Sörgel die besonderen Bedenken gegen die Vorschläge Fröhners über die sächsische Zentralstelle hervor. Bedenken, die bei Gründungen von Zentralkassen der einzelnen Verbände auch heute noch beachtenswerth sind. Für verkehrt hielt er es, daß Direktoren und Zentralausschuß der Kasse die Geschäfte ohne Bezug von Gehalt oder Tantieme besorgen sollten.

Um Bedürfniß und Ausführbarkeit des Projektes darzuthun, sei es nöthig gewesen, einen Etat und eine Wahrscheinlichkeits-Berechnung für die Zentralstelle auszuarbeiten, gegründet auf die in den letzten Jahren thatsächlich hervorgetretenen Bedürfnisse der einzelnen Vereine. Gegen Schluß des Aufsatzes heißt es:

„Die solidarische Haft aber weiter auszudehnen, als die Möglichkeit der Kontrole der Betheiligten reicht, heißt das Prinzip mißbrauchen.

Unsere Vorschußvereine sollen und werden sich langsam zu wahren Volksbanken umgestalten. Aber sie sollen und werden nur dem Lokalbedürfnisse zu dienen haben. Dem Angebote und der Nachfrage des großen Geldmarktes Genüge zu leisten, sind die großen Zettel- und Depositen-Banken durch ihre Statuten berufen und durch mächtige eigene Fonds nicht minder, als durch die Eigenschaften ihrer Direktoren befähigt. Und über ihnen steht die Börse mit ihrem Ozean, in dem alle Bäche des Ueberflusses münden und den Bedarf schöpfen. Wollten wir uns soweit überheben, unberufen und — warum sollte es nicht gesagt werden, da es doch wahr ist? — unbefähigt an ihre Stelle treten, würde uns die nackte Wirklichkeit bald unsanft erwecken.

Statt mit der Zentralstelle das vorübergehende Uebel des Geldüberflusses oder Mangels zu einer beständigen Verbildung der Organe zu machen, sollten wir uns bestreben, die Ursachen und den Sitz des Uebels zu erkennen und unsere besten Kräfte aufwenden, mit den Ursachen das Uebel zu beseitigen."

X. Die weiteren Aufsätze Sörgels in den Genossenschaftsblättern von 1864 bis 1868.

Das Jahr 1864 war für die Entwicklung des Allgemeinen Genossenschaftsverbandes von entscheidender Bedeutung. Auf dem 6. Genossenschaftstage zu Mainz im August 1864 wurde nach Schulzes Vorlage das „organische Statut" des Allgemeinen Verbandes angenommen, das die Grundlage der noch heute geltenden Organisation bildet.

Der Jahrgang 1864 der Innung der Zukunft enthält zwei Aufsätze Sörgels:

1. „Der Baarvorrath bei Vorschußvereinen." (Eisleben 10. Januar 1864, S. 4 f.) Sörgel fand, daß die Baarvorräthe mehrerer Vorschußvereine so klein seien, daß sie ihrem Zweck nicht entsprächen. Er setzte auseinander, wie die Vereine verfahren müßten, um sich einen genügenden Baarvorrath zu verschaffen. Er mußte den damals bestehenden Vereinen noch klarlegen, daß sich ein Verein „keine feste Kundschaft von Geldbringenden bilden könne, wenn er heute Geld annimmt und morgen zurückweist." Damals war noch in den meisten Vorschußvereinen der Zinsfuß für Depositen im Statut festgesetzt. Sörgel erklärte es für nicht zweckmäßig.

2. Der zweite Aufsatz „Bereite Mittel" (1864 S. 23) ist auch in das Sammelwerk S. 401 aufgenommen. Er ist noch heute lesenswerth. —

Im Jahre 1864 gründete Schulze die deutsche Genossenschaftsbank als Kommanditgesellschaft auf Aktien mit den persönlich haftenden Gesellschaftern Sörgel und Parrisius, der damals Kreisgerichtsrath in Brandenburg war. (Siehe Schulzes Aufsätze S. 18, 25, 105 und 125 der Innung der Zukunft 1864.) Sörgel verließ Eisleben und siedelte nach Berlin über, wo die Genossenschaftsbank am 2. Januar 1865 in dem Hause Behrenstraße 56 ihr Geschäft eröffnete.

Sörgel schrieb unter seinem Namen 1865 noch mehrere Aufsätze.

3. Bemerkungen zu einem von mir verfaßten längeren Aufsatze „Die Spareinlagen in Vorschuß- und Kreditvereinen“ vom 7. Mai 1865 (Innung der Zukunft S. 79 f.). Sowohl mein Aufsatz als auch Sörgels Bemerkungen sind in den Sammelband S. 413 bis 426 aufgenommen. Sörgel empfahl, die Spareinleger zur Abholung ihrer Zinsen gegen Quittung und unter Vorzeigung ihres Sparkassenbuches zu verpflichten und ihnen die erworbenen Zinsen zwar rechnungsmäßig zu reserviren, aber nicht auf ihr Konto gutzuschreiben. Natürlich sei ihnen zu gestatten, die Zinsen, nachdem darüber quittirt, als neue Einlage sich sofort wieder gutschreiben zu lassen.

4. Auf Anregung Fröhners schrieb er am 4. September einen Aufsatz über „Die Besoldung der Vereinsbeamten“ (S. 138. Sammelband S. 427). Von 22 größeren Vereinen fügte er eine Tabelle bei, in der nach dem Jahresbericht für 1864 das durchschnittliche Betriebskapital (Durchschnitt vom Betriebskapital Anfang und Ende des Rechnungsjahres 1864), der Bruttoertrag, der Ertrag nach Abzug der Zinsen an die Vereinsgläubiger und des Reservekapitals, die Gehälter, die sonstigen Verwaltungkosten, der Reingewinn und der Umsatz aufgeführt werden und dann die Gehälter, Tantièmen und sonstigen Verwaltungskosten in Prozentsätzen vom Umsatz, vom durchschnittlichen Betriebskapital, vom Bruttoertrag, vom Ertrag nach Abzug der Zinsen an die Vereinsgläubiger und des Reservekapitals, und vom Reingewinn angegeben wird. In einigen kleineren Vereinen ergab dieser Prozentsatz allerdings sonderbare Resultate. Sörgel fand, daß die Vereine ihre Beamten ganz und gar unangemessen und ungenügend besoldeten:

„Die Disposition über ein Betriebskapital von 209 321 Thalern (Mannheim) und 461 725 Thalern (Sangerhausen), die allzeitige nützliche Verwendung des Ueberflusses, die Bereithaltung des Erforderlichen, endlich vor allem die Sicherheit der Anlage im eigenen Geschäft beanspruchen die ganze Kraft eines Mannes mit einer reichen Erfahrung, allgemeiner Achtung und Vertrauen, mit einem offenen Blick, mit logischem Gedankengange und thatkräftigem Willen. Nun, wenn man die ganze Kraft eines solchen Mannes in Anspruch nimmt, muß man ihn auch entsprechend bezahlen.“

Er legte dar, daß sich in den Leitern der größeren Vereine mit umfangreichem Geschäft eine Spezialität herausgebildet habe, die nicht allzuleicht zu ersetzen sei. Die Besoldung königlicher Beamten könne bei der Normirung des Gehaltes keinen Anhalt gewähren.

„Die Vereine stellen Niemand auf Lebenszeit an, gewähren keinen Rang und keine Pension. Sie benutzen den Mann, so lange er tüchtig, kräftig und thätig ist, und lassen ihn fallen, müssen ihn fallen lassen, wenn er nicht mehr genügt. Sie beanspruchen die intensive Thätigkeit des Industriellen, der nicht sein Geschäft mit dem Bureaurock auszieht, sondern es mitnimmt auf den Spaziergang, in die Gesellschaft, sich mit ihm zu Bett legt und mit ihm aufsteht. Sie müssen ihre Gehälter normiren nach den Verdiensten der geschickt und glücklich operirenden Gewerbetreibenden.“

Die Direktion der größeren Vereine dürfe nicht mehr als Nebenbeschäftigung betrieben werden. Die größeren Vorschußvereine müßten verlangen, daß ihre Geschäfte als Hauptgeschäft behandelt werden. Er empfiehlt, eine mäßige, feste Besoldung mit einem Antheil am Gewinn (Tantième) zu vereinigen und die Tantième mit Rücksicht auf den festen Gehalt zu geben von dem Gewinn, welcher nach Abzug von 4% Zinsen fürs Guthaben verbleibt.

5. Im Anschluß an den vorigen Aufsatz theilte er in der „Vergleichung einiger geschäftlicher Mittheilungen" von denselben 22 Vereinen, die 1864 400000 Thaler oder mehr umgesetzt hatten, nach dem Jahresbericht weitere Zahlen über die geschäftlichen Resultate mit. Er berechnete unter Anderm, wieviel Prozente vom Betriebskapital der Ertrag und Reinertrag, nach Abzug der Zinsen und des fremden und eignen Kapitals, wieviel Prozent vom Umsatz der Nettogewinn betrug, wie oft der Betriebsfonds umgesetzt war, wieviel Geschäftsguthaben, Umsatz, Risiko, Reingewinn auf den Kopf des Mitgliedes fiel u. s. w.

Es lag Sörgel daran, durch seine Berechnungen die Leiter der größeren Vereine zur näheren Prüfung über ihre Geschäftsresultate, und zum Nachdenken über die Folgen unrichtiger Geschäftsgrundsätze zu veranlassen. Es ließ sich dies nur in polemischer Weise erreichen. Er erkannte, daß er als Direktor der Genossenschaftsbank den Vereinsleitern gegenüber durch Polemik in eine falsche Stellung gerathen könne. Er traf deshalb mit mir, der ich damals in der Hauptsache die redaktionellen Geschäfte der „Innung der Zukunft" besorgte, die geheim zu haltende Verabredung, daß er unter falschem Namen eine Kritik seines Aufsatzes schrieb und in der Innung der Zukunft veröffentlichte. Der Aufsatz „Werth statistischer Nachrichten" in Nr. 22 der „Innung der Zukunft" S. 171, unterzeichnet von Julius Elster, ist von Sörgel. Elster behauptete, daß Sörgel ungleichwerthige Zahlen verglichen habe und stellte aus Zusammenstellungen nach den Tabellen der Jahresberichte der Vereine zu Frankenberg, Freiberg, Gotha, Großenhain, Leipzig, Sangerhausen, Wiesbaden eine Berechnung auf, wonach diese Vereine mehr Dividende vertheilt hätten, als Gewinn erzielt worden sei, wenn in den Angaben der Tabellen nicht etwa ein Irrthum enthalten sei. Er forderte die alten und erfahrenen Vorstände der genannten Vereine auf, in genaueren Zahlenangaben für die Tabelle des Jahresberichtes ihren jungen und unerfahrenen Kollegen mit gutem Beispiel voranzugehen. Schließlich empfahl er Herrn Sörgel, künftig Zahlen zu vergleichen, deren gleiche Werthe sich wirklich vergleichen ließen.

Sörgel hatte mit diesem Aufsatze in ein Wespennest gestochen. Zuerst erschien in Nr. 23 der „Innung der Zukunft" S. 177 ein längerer Aufsatz der Anwaltschaft, vermuthlich von Dr. Schneider nach Anleitung Schulzes verfaßt. Darin wurde bedauert, daß die Kritik Elsters, die manches Richtige enthalte, doch dadurch sehr an Werth verliere, daß sie zum großen Theil auf falschen Voraussetzungen über die Bedeutung der verschiedenen Kolonnen der Tabellen beruhe und daß Elster die allgemeinen und besonderen Vorbemerkungen in den Jahresberichten nicht gelesen habe. Soviel mir erinnerlich, fragte mich Schulze erst nach Erscheinen dieses Artikels, wer der Herr Elster („ein verfluchter Kerl") sei, den ich als Mitarbeiter mir angeschafft hätte. Natürlich billigte er meine Verabredung mit Sörgel. Dann kamen Rizze-Rostock und Julius Richter-Lübben mit Berichtigungen, die ich mit Rücksicht auf den ihnen noch nicht bekannten Aufsatz der Anwaltschaft in Nr. 24 der „Innung der Zukunft" S. 192 nur im Auszuge mittheilte. Ich besprach dabei kurz die Monita Elsters in Betreff anderer Vereine.

Erst am 1. Mai 1866 antwortete Sörgel in der nunmehr „Blätter für Genossenschaftswesen" genannten Zeitschrift (Nr. 20, S. 78). Er entschuldigte zunächst seine Saumseligkeit mit dem notwendigen Jahresabschluß und erklärte den wohlgemeinten Verweis des Herrn Elster nicht als verdient anerkennen zu können. Er wies nach, daß er das ihm vorliegende mangelhafte Material, wie jeder Statistiker, aus dem einfachen, aber durchschlagenden Grunde benutzt habe,[1]) weil ihm kein besseres zugänglich gewesen sei.

Nach Ausbruch des deutschen Krieges erschien von Elster eine Erwiderung „Zur Rechtfertigung und Verständigung" in Nr. 27, S. 106 der Blätter für Genossenschaftswesen.

„Von einem längeren Winteraufenthalt im Süden zurückgekehrt, finde ich mein im Norden zurückgelassenes literarisches Gefieder einigermaßen zerrupft."

Er erklärte, die allgemeinen und besonderen Bemerkungen, zu der Tabelle gelesen zu haben, dürfe aber wohl mit allgemeiner Zustimmung es für ein schlechtes Vorgehen halten, daß einer Tabelle von 20 Seiten Bemerkungen von 12 Seiten zur Erläuterung und Ergänzung beigegeben seien. Er empfahl dann Vorschläge für künftig einzuschlagende Wege bei Aufstellung von Tabellen, die in der Folgezeit zum großen Theil befolgt worden sind.

„Ich gebe sie mit der Bescheidenheit eines Neulings und ohne verletzt zu sein durch die erhabene Ironie des Herrn Sörgel, mit dem ich übrigens auf dem Festessen des nächsten allgemeinen Vereinstages ein Versöhnungsglas zu trinken hoffe."

Weder die Aufsätze Sörgels noch die Elsters in der Preßfehde sind in den Sammelband aufgenommen.

6. In Nr. 22 der Blätter für Genossenschaftswesen 1866, S.86 f. hatte Sörgel im Anschluß an einen Aufsatz von Moritz Wiggers-Rostock, (von 1867—1881 Reichstagsabgeordneter), über den „Reservefonds" geschrieben. Er berechnete das Unzureichende desselben in einer Reihe von Vereinen und trat den Rathschlägen Wiggers zur schnelleren Ansammlung des Reservefonds bei.

7. „Die gegenseitige Auswechselung von Papiergeld" behandelten in Nr. 32 und 33 der Genossenschaftsblätter für 1866 (S. 118 u. 129) zwei Aufsätze Sörgels, die damals, wo die sogenannten „wilden Scheine" alle Kassen überflutheten, sehr zeitgemäß waren.

8. In einem kürzeren Aufsatze „Noch einmal das Eintrittsgeld" (B. f. G. 1866 Nr. 37 S. 146) bekämpft Sörgel gegen Wiggers den Vorschlag, das Eintrittsgeld bei Kreditvereinen rein nach dem Verhältniß der Größe des Reservefonds zur Größe des Gesammtguthabens festzusetzen.

---

[1]) „Mir selbst als altem Genossenschafter, sind die Rechnungsweisen der meisten größeren Vereine ziemlich genau bekannt, und ich hatte überdies — mit Ihrer Erlaubniß und ohne Sie, geehrter Herr Elster, verletzen zu wollen, sei es gesagt — die Erläuterungen zu den Tabellen gelesen."

9. Von Wichtigkeit ist der Aufsatz Sörgels „Einige aus der Krise gewonnene Erfahrungen und Ueberzeugungen“ in Nr. 37 der Genossenschaftsblätter für 1866, S. 146 ff.

In der Einleitung behandelt er die Gefahr der Krisen, die nicht nur

„die angefaulten, sondern auch eine große Anzahl gesunder Stämme niederwerfen und andere so zerzausen, daß sie von da den Keim des Todes in sich tragen und dahinsiechen.“

Er hat keine Hoffnung auf einen dauernden Frieden, und ermahnt, sich auf eine fernere Krisis durch Krieg vorzubereiten.

Im speziellen Theile behandelt er zunächst die laufenden Rechnungen und entwickelt nach den von Anderen gemachten theueren und schmerzlichen Erfahrungen einige feste Grundsätze über die Aufstellung laufender Rechnungen, um sie dem allgemeinen Urtheil zu unterbreiten.

„1. Man soll in keinem Falle allen seinen Kunden zusammengenommen mehr Kredit in laufender Rechnung versprechen, als man eigenes Vermögen besitzt. Dies Versprechen wird man unter allen Umständen zu halten im Stande sein, weil eben das eigene Vermögen verbleibt, wenn selbst alle Depositen und Schulden in laufenden Rechnungen abgehoben werden sollten. Bei dieser Schranke behält man andererseits alle Depositen und Schulden in laufender Rechnung zum Diskontiren von Wechseln und Ausleihen von Vorschüssen und sonst disponibel.

2. Die Gesammtschuld in laufender Rechnung, die nach dem Gutdünken der Gläubiger jeden Tag oder in kurzer Zeit abgehoben werden kann, muß in entsprechender Menge baaren Geldes und in wirklich disponiblen Mitteln vorhanden sein und über das Vorhandensein eine fortlaufende Kontrole geführt werden. Als disponible Mittel können nur gelten Guthaben bei großen Geldinstituten auf tägliche Kündigung, wirklich und jeden Tag diskontable Wechsel und die Sicherheit, diese Wechsel an bestimmten Orten diskontiren zu können, und auch wohl eine mäßige Menge guter und börsengängiger Effekten. Hieraus entspringt die Nothwendigkeit, für Schulden in laufender Rechnung nur geringe Zinsen gewähren zu können und vom Umsatz eine Provision zu erheben.

3. Es ist streng darauf zu halten, daß die Forderungen in laufender Rechnung sich nicht stabiliren und jedes Konto wenigstens einmal im Jahre ganz und gar saldirt wird. Die Kunden müssen wissen und fühlen und danach handeln, daß das auf laufende Rechnung erhobene Geld nicht ihnen gehört und nicht als ein fortlaufendes Darlehn zur dauernden Erhöhung ihrer Betriebsmittel oder gar zur Stärkung ihres Anlagekapitals gebraucht werden kann. Die Nöthigung zu lebhaften Umsätzen auf diesem Konto und der Zwang zur gelegentlichen Abbürdung wird ihnen das gegenwärtig halten.“

In einer weiteren Besprechung der Sparkassen empfiehlt er in gewöhnlichen Zeiten die verlangten Summen gegen eine Provision von 1 oder ½ % sofort zurückzugeben.

In einem ferneren Abschnitte empfiehlt er den Vereinsvorständen

„vielleicht monatlich eine Klassifikation ihrer Außenstände vorzunehmen, nach den Kategorien: 1. sichere Einzüge, 2. zweifelhaft, ob Prolongation nöthig wird oder nicht, 3. wahrscheinlich zu prolongiren.“

Daran schließt sich eine Warnung, zu hohe Vorschüsse an einzelne Mitglieder zu verleihen.

10. In Nr. 11 und 12 der Genossenschaftsblätter 1867 S. 42 theilt Sörgel (10. März 1867) eine Tabelle von 33 Spalten mit über die „Geschäftlichen Resultate des Jahres 1865“ von 93 größeren Vorschußvereinen. Er berechnet nach dem Jahresbericht der Anwaltschaft den durchschnittlichen Betriebsfonds im ganzen Jahre und nimmt dann

die Hälfte des Betriebsfonds von Anfang und Ende des Geschäftsjahres. In den vorangestellten Bemerkungen erklärt er es für

„unerläßlich für jeden Verein zu ermitteln, wieviel Geschäftsunkosten in Prozenten vom Umsatz und vom Betriebskapital er hat, denn nur dann ist er im Stande zu beurtheilen, zu welchem billigsten Satze er Geld an seine Mitglieder ausleihen kann.“

Er berechnet dann den Gewinn, welcher den Mitgliedern an ihrem Kapital, Guthaben und Reservefonds entsteht. Damals war es für Jedermann „ohne das mindeste Risiko leicht erreichbar, sein Geld mit 5% jährlicher Zinsen auszulegen.“ Wo dauernd und prinzipiell unter 5% verdient wäre, stehe der Verein nicht mehr auf dem Boden der Selbsthülfe. Die dauernde Erzielung einer unverhältnißmäßig hohen Dividende und Reingewinnes sei andererseits ebensowenig geschäftsmäßig als haltbar. In seiner Tabelle hat Sörgel bei allen 93 Vereinen unter Anderem berechnet, wieviel der durchschnittliche Betriebsfonds 1865, wieviel nach Abzug von 5% Zinsen für das eigene Kapital in 4 Prozenten vom Umsatz, vom Betriebsfonds und von dem eigenen Kapital gewonnen, wieviel bezahlt seien, wie hoch sich das Risiko für jedes einzelne Mitglied und für jeden Thaler vertheilte Dividende stellte u. s. w.

11. Sörgel meinte auch, wie im Jahre vorher, durch einen pseudonymen Aufsatz die Vereinsleiter anstacheln zu sollen. Nicht als Julius Elster, sondern als Heinrich König griff er in Nr. 42 der Blätter für Genossenschaftswesen 1867 (S. 167) in dem Aufsatz: „Die Dividendenvertheilung bei den Vorschußvereinen“ im Anschluß an Sörgels Aufsatz eine Reihe von Vorschußvereinen an, mit Berechnungen über zuviel gezahlte Dividenden. Er hatte dabei nicht wie Sörgel, die Gewinnprozente nach dem durchschnittlichen Bestande des eigenen Kapitals und der Reserve des laufenden Rechnungsjahres ermittelt, sondern ging davon aus, wie hoch sich ohne Berücksichtigung der Reserve das eigene Kapital am Schlusse des vorigen Rechnungsjahres belief. Es erfolgten hierauf in den nachfolgenden Nummern der Genossenschaftsblätter Erklärungen aus einigen Vorschußvereinen, Sangerhausen, Guben, Leipzig, Gera, Triebsees und Glatz. Darauf kam eine von Sörgel selbst (S. 184) unterzeichnete Erklärung. Er meinte, zwischen ihm und König bestehe nur eine scheinbare, aber keine wirkliche Differenz.

„Mein Zweck war, mir selbst eine genaue Kalkulation zu machen, daraus das Mittel zu ziehen und die Verwaltungen anzureizen, nicht blos gemäß deren Statuten die zu vertheilende Dividende zu berechnen, sondern sich auch noch zu ihrem eigenen Nutzen und Frommen klar zu machen, wieviel denn das von ihnen geleitete Geschäft in Wirklichkeit und nach den wirthschaftlich in Betracht kommenden Zahlen verdient habe.“

12. Im November begann Sörgel (Nr. 50 der Genossenschaftsblätter 1867, S. 197) einen längeren Aufsatz, überschrieben: „Einige Bemerkungen über den Schluß der Bücher am Ende des Geschäftsjahres und über die Jahresrechnung der Kreditvereine.“ Wie er in einem ergänzenden Aufsatze: „Die Behandlung der Reste aus der vorigen Jahresrechnung“ mittheilt (Genossenschaftsblätter 1868, S. 5), sind Fortsetzung und Schluß nicht in den Genossenschaftsblättern erschienen, sondern von Schulze als Anhang in die vierte Ausgabe der „Kreditvereine

als Volksbanken" aufgenommen. Auch in der fünften Ausgabe dieses Buches 1876 ist Sörgels Aufsatz vollständig abgedruckt.

13. Der Jahrgang 1869 enthält außerdem nur noch einen kurzen Aufsatz von Sörgel, in dem er allen Kreditgenossenschaften, die für eigene Rechnung mehr oder weniger Effekten besitzen, und allen, die sich gewohnheitsmäßig oder nur gelegentlich solche von ihren Kunden verpfänden oder als Kreditunterlage gewähren lassen, angelegentlich empfahl, sich das damals soeben erschienene Werk seines Freundes Eugen Richter, „Das preußische Staatsschuldenwesen und die preußischen Staatspapiere" anzuschaffen.

Die folgenden Jahrgänge der Genossenschaftsblätter enthalten keine Aufsätze von Sörgel mehr. Die inzwischen eingetretene Erhöhung des Aktienkapitals der Genossenschaftsbank von 270000 auf 500000 Thaler mag ihn aus Mangel an Zeit veranlaßt haben, seine schriftstellerische Thätigkeit aufzugeben.

Eine wesentliche Beihülfe leistete mir Sörgel 1869 und in den ersten Monaten 1870 bei Abfassung der sieben Flugblätter, die ich später in besonderer Druckschrift unter dem Titel „Vorwärts, vorwärts Ihr Deutschen Genossenschaftsmänner" vereinigte. Das Nähere darüber ergiebt das Vorwort vom 1. März 1870:

„Die sieben zu dieser Broschüre verbundenen Aufsätze sind in den letzten $1^1/_2$ Jahren für das von mir herausgegebene politisch-volkswirthschaftliche Wochenblatt: „Der Volksfreund" geschrieben. Die Entstehungsart möge es entschuldigen, wenn die logische Verbindung zwischen den einzelnen Aufsätzen eine lockere ist. Der einleitende Aufsatz soll im Allgemeinen die staunenswerthen Erfolge der Volksbanken seit der kurzen Zeit ihres Bestehens mit Zahlen belegen. Die übrigen Aufsätze, welche auch einzeln als besondere „Flugblätter für die deutschen Vorschuß- und Kreditvereine" erschienen sind, sollen zeigen, was ein guter Vorschußverein leisten kann, — was er leisten muß, sobald er die in den am besten organisirten Vereinen üblichen Geschäftsbranchen sammt und sonders bei sich einführt und nach volkswirthschaftlich richtigen Grundsätzen betreibt. Der Vorschußverein muß dann nicht bloß dem städtischen Gewerbetreibenden den ihm nöthigen Kredit beschaffen, er muß auch das Bedürfniß des Landwirths nach Personalkredit vollständig befriedigen (Flugbl. I: „Warum sollte jeder Landmann einem Vorschuß- oder Kreditvereine angehören?"); er muß gleich den Schottischen Banken durch laufende Rechnung — Kontokorrent mit Checkbuch — allen Gewerbetreibenden in Stadt und Land das zeitweise überflüssige Geld verwahren und nutzbringend verwalten (Flugbl. II: „Schafft das überflüssige baare Geld aus dem Hause!"); er bietet die beste und sicherste Sparkasse für Arbeiter, Dienstboten, Kinder ꝛc. (Flugbl. III: „Wo sind die kleinen Ersparnisse anzulegen?"); er muß besser und billiger als die Banquiers mit Hülfe des Giroverbandes den Gewerbetreibenden ihre Geschäftswechsel diskontiren und Zahlungen nach andern deutschen Plätzen vermitteln (Flugbl. IV: „Wechseldiskontiren und Geldverborgen" und V: „Was bedeutet der Giroverband der Deutschen Genossenschaften?"). Endlich muß er die wirthschaftliche und sittliche Erziehung seiner Mitglieder dadurch fördern, daß er nach den strengen Grundsätzen Schulze-Delitzsch' nur dem gesunden Kredite dient. (Flugbl. VI: „Was nutzt die Aufhebung der Schuldhaft und des Lohnarrestes den Volksbanken?")."

XI.

Jugenderlebnisse Sörgels — Auswanderung nach Texas und Rückkehr in die Heimath.

A. Persönliche Mittheilungen.

In Gotha auf dem 2. Genossenschaftstage (1860) lernte ich Sörgel kennen. In persönlichen Verkehr mit ihm kam ich dort nicht. Er imponirte mir in den Verhandlungen. Ich selbst verstand vom Bankwesen herzlich wenig. Es kam mir aber so vor, als ob fast alle Anwesende auch nicht viel mehr als ich davon verständen. Aber der Direktor der Eisleber Diskontogesellschaft, ein kleiner Herr mit weißer Halsbinde und einem schwarzen Cylinder auf dem Kopfe, der verstand es. Er trug ein ziemlich dickes Buch unter dem Arm. Ich stand einmal hinter ihm, so daß ich auf dem Buchrücken den Titel: „Otto Hübner, Die Banken" lesen konnte. Welche reiche Belehrung mochte daraus zu schöpfen sein? Zu Hause (Gardelegen) wieder angelangt, ließ ich mir das Buch kommen. Das 1854 lieferungsweise erschienene Werk erfüllte den Zweck, wie es im Vorwort heißt:

„Die Kenntniß der Einrichtungen bestehender Banken, die Geschichte der einzelnen Banken und des Bankwesens, sowie die Erfahrungssätze, welche sich aus diesem Material ergeben, in weiteren Kreisen zu verbreiten."

Sörgel wunderte sich, als er mich später im Besitz des Hübnerschen Werkes sah und erfuhr, daß er mir zur Anschaffung des Buches Anlaß gegeben. Erst auf dem 3. Genossenschaftstage, Pfingsten 1861 zu Halle a. S. machte ich Sörgels persönliche Bekanntschaft. Wir waren in diesen Tagen öfters nach den Verhandlungen zusammen gewesen. Am letzten Tage machten wir noch einen Spaziergang nach Giebichenstein und Bad Wittekind. Außer Sörgel waren es wohl lauter Juristen, darunter die Advokaten Rizze von Rostock, Kretzschmar aus Großenhain, Roch von Zwickau und Stadtrath Kunze aus Merane, der spätere Oberbürgermeister von Plauen i. V. Wir kamen in unseren Gesprächen auch auf die Verhandlungen zurück. Einer der sächsischen Genossen sprach sich anerkennend über den Schneidermeister Schulte in Potsdam aus, der sich bei den Debatten als tüchtig bewiesen hatte. Merkwürdig wurde nur gefunden, daß dieser kluge Mann, ein Westfale von Geburt, ein so schreckliches Deutsch sprach, z. B. stets mich statt mir sagte. Warum habe er sich wohl die Sprachfehler nicht abgewöhnt? Sörgel sagte darauf, es sei schwer, das später nachzuholen, was man in der Jugend nicht gelernt; er wisse dies aus Erfahrung.

Der sächsische Jurist meinte, Sörgel thäte ja gerade, als ob er kein Gymnasium besucht hätte. Ich muß gestehen, Sörgel, von dem wir wußten, daß er längere Zeit in Amerika gewesen war, machte mir und gewiß auch den Andern den Eindruck, als wenn er in dem, was man allgemeine Bildung zu nennen pflegt, uns Allen überlegen sei. Um so verwunderter waren wir, von ihm zu hören, allerdings habe er ein Gymnasium besucht, sei aber schon aus Quarta fortgejagt und dann von seinem Vater als Lehrling in einen Kaufmannsladen gesteckt. Er erzählte, wie dies gekommen sei:

„Wir hatten in Quarta einen Gesanglehrer, den wir haßten. Eines Tages verabredeten wir, ihm einen besonderen Tort anzuthun. Wir hatten ein Motette zu singen, in der eine Silbe mit dem Vokal a (Gnade?) durch vier Takte ausgehalten werden mußte. Unsere Verschwörung ging nun dahin, diese Silbe nicht vier, sondern nur zwei Takte auszuhalten, nach dem zweiten Takte zu schweigen, aber während derselben den Mund noch in der gleichen Stellung zu halten. So geschah es. Sorgfältig eingeübt, klappte es wunderschön. Der Lehrer, erschreckt über den Streich, faßte sich schnell und ließ den Vers von vorn anfangen. Aber ein zweites und ein drittes Mal ging es genau ebenso, an der verhängnißvollen Stelle schwieg Jeder wie auf Kommando und ließ den Mund noch zwei Takte offen stehen. Der Lehrer rief den Klassenlehrer herbei. In dessen Gegenwart wurde dasselbe Schauspiel aufgeführt. Nun kam der Direktor und schloß die Stunde.“

Eine große Untersuchung folgte. Alwin Sörgel sollte Anstifter sein und wurde aus der Schule gewiesen.

Der Aufruf, den der auf dem Genossenschaftstage zu Halle gewählte engere Ausschuß zu erlassen hatte (siehe oben S. 22), brachte mich vorübergehend in brieflichen Verkehr mit Sörgel. Im Frühjahr 1863 wurde der Briefwechsel wieder aufgenommen. Schulze-Delitzsch hatte den ersten Genossenschaftsgesetzentwurf am 10. März 1863 beim preußischen Abgeordnetenhause eingebracht. Die zur Vorberathung eingesetzte Kommission wählte mich zum Berichterstatter. Ich erbat mir Sörgels gutachtlichen Rath wegen der von mir in großer Zahl gestellten Abänderungsvorschläge.

In lebhaften persönlichen Verkehr traten wir auf dem Görlitzer Genossenschaftstage Pfingsten 1863. Mir machte damals in dem von mir gegründeten und geleiteten Vorschußverein zu Gardelegen die Buchführung Sorge. Von der doppelten Buchführung, die auf dem Genossenschaftstage in Halle empfohlen worden war, wollten die übrigen Vorstands- und Aufsichtsrathsmitglieder in Gardelegen, die fast sämmtlich Kaufleute waren, nichts wissen. Sie hielten die einfache Buchführung Schulzes für ausreichend. Bei dem Jahresabschluß für das dritte Geschäftsjahr (1862) zeigten sich indessen große Schwierigkeiten. Der Vorschußverein war schnell gewachsen und hatte in diesem Jahre schon 231 197 Thaler an Krediten gewährt. Meine Mahnungen wurden jetzt mehr beachtet. Meine theoretischen Studien über kaufmännische Buchführung und die brieflichen Belehrungen, die mir Sörgel ertheilte, genügten mir und meinen Freunden nicht. Ich veranlaßte Sörgel im Sommer 1863, mich in Gardelegen auf einige Tage zu besuchen. Von Eisleben bis Gardelegen hatte er zwölf Meilen Post und ebensoviel Eisenbahn zu fahren. Sörgel erzählte mir in diesen Tagen manches aus seinem Farmerleben in Texas. Ueber die Zeit vor seiner Auswanderung erfuhr ich nur, daß er in Groß-Glogau kurze Zeit Buchhändler gewesen sei. Ich fragte ihn, ob er schon einmal in meiner damals vom Verkehr abgelegenen Heimathsstadt gewesen sei. Er bejahte die Frage; schon in den dreißiger Jahren war er nach Gardelegen gekommen — als Spiritusreisender!

Sörgel zog 1864 um dieselbe Zeit wie ich nach Berlin. Wir lebten hier von Anfang an in freundschaftlichem Verkehr, aber bei seinem eigenthümlich verschlossenen Wesen erfuhren seine Freunde recht wenig über seinen Aufenthalt in Texas. In Neubraunfels war er im Wettstreit mit seinem Freunde, dem Generaldirektor v. Meusebach, ein ausgezeichneter Schütze mit Pistole und Büchse geworden. Aus den Gipfeln hoher Bäume schossen sie die wilden Puter herunter, aus weiter Entfernung verfehlten sie das Herz-Aß einer Karte niemals. Am leichtesten ließ er sich noch bei unseren im Anschluß an genossenschaftliche Versammlungen unternommenen gemeinschaftlichen Fußwanderungen zu Erzählungen aus Texas bewegen. So erzählte er auf einer solchen Wanderung eine Indianergeschichte, die wir nicht geglaubt haben würden, wenn wir nicht wüßten, daß Sörgel einer der seltenen Männer war, die niemals eine Unwahrheit sagten. Wir fragten ihn, ob er in Texas auch mit Indianern in Verkehr gekommen sei.

„In Neubraunfels wurde uns eines Tages gemeldet, in der Nähe sei ein Indianerlager aufgeschlagen. In Vertretung des auf einer Reise begriffenen Herrn v. Meusebach ritt ich hinaus, da wir mit dem Stamm in Freundschaft lebten. Im Lager umherreitend erblickte ich vier Indianer; sie lagen im Grase und spielten Karten. Vom Pferde aus sah ich ihnen zu. Zu meiner Verwunderung bemerkte ich, daß die Kerle Skat spielten, - Skat, das Thüringer Bauernspiel war damals erst den Studenten in Halle und einigen anderen Universitäten bekannt geworden. Wie mochte der Skat wohl bis zu diesen Indianern gelangt sein? Da sah einer der Kerle zu mir herauf und sagte zu den Andern in richtigem Hochdeutsch: Seht mal den verrückten Indianer an, der hat bloß einen Sporn.[1]) Flugs antwortete ich: Wozu braucht man denn zwei Sporen? Da sprangen sie lachend auf. Alle fünf waren wir keine Indianer, sondern richtige Deutsche."

Wir fragten Sörgel, wie es zugegangen sei, daß man auch ihn für einen Indianer gehalten habe. Er meinte, damals habe er langes Haar getragen und draußen in der Prärie wären Indianer und Deutsche gar nicht so leicht zu unterscheiden.

B. Sörgels Briefe über Texas.

Etwas genauere Kenntniß über Sörgels Aufenthalt in Texas erhielt ich durch das erste Heft der Seite 5 besprochenen, 1847 gedruckten Schrift Sörgels: „Für Auswanderungslustige! Briefe eines unter dem Schutze des Mainzer Vereins nach Texas Ausgewanderten. Leipzig 1847." Sörgels Gattin verschaffte mir diese erste Lieferung und zur Ergänzung ein Heft handschriftliche, tagebuchähnliche Aufzeichnungen, die Sörgel in Texas selbst und auf der Hin- und Rückreise gemacht hat. Freilich geben die sechs gedruckten Briefe bei allem Interessanten, das sie darbieten, kein ausreichendes Bild von Sörgels Thätigkeit in Texas und von dem, was ihn zur Auswanderung und dann zur Rückkehr in die Heimath bewogen hat.

Im Frühjahr 1872 ward ich mit Friedrich Kapp, der im Jahre zuvor nach Deutschland zurückgekehrt war, bekannt und befreundet. Zufällig erfuhr er von mir, daß der Bankdirektor Sörgel in Texas gewesen und der Verfasser der Briefe eines Ausgewanderten sei. Kapp theilte mir

---

[1]) Kapp erzählt, daß er an einem schönen Sonntagmorgen des Mai 1852 in Sisterdale (Texas) einer Versammlung von Deutschen zur Gründung eines Vereins freier Männer beiwohnte. Die Verhandlungen wurden gestört von einem Haufen berittener Indianer, die sich aus Freundschaft einen Ochsen ausbaten. Sie erhielten ihn. Dann heißt es: Der Häuptling grüßte mit der Herablassung eines preußischen Generals und feuerte seinen Gaul mit dem thalergroßen Rade des einzigen Sporens an, dessen er sich erfreute . ." (Aus und über Amerika, Band 1, S. 289.).

mit, daß er selbst Texas bereist, die Ansiedlungen der Deutschen besucht und die drei Lieferungen der Hefte von Sörgels Briefen in Amerika gekauft habe. Sörgel war höchst erstaunt, von mir zu hören, daß vor 25 Jahren zwei weitere Lieferungen seiner texanischen Briefe erschienen seien, die er niemals gesehen hatte. Diese weiteren Sonderabdrücke seiner im Herold erschienenen Briefe hatte der Herausgeber desselben, Professor Biedermann, Ende 1847 besorgt, während Sörgel auf der Heimreise begriffen war.

Sörgel war „unter dem Schutze des Mainzer Vereins" ausgewandert. Seine Briefe und Aufzeichnungen beschäftigen sich zum großen Teil mit diesem Verein, seinen Aufrufen und Versprechungen und mit dem, was er geleistet und nicht geleistet hat. Wie ich nach Sörgels Tode in dem Nachruf November 1875 (siehe oben Seite 6) mitteilte, sagte Kapp von Sörgels Schilderungen „sie gehören zu dem Besten, was überhaupt in der Auswanderungslitteratur existire und verdienten, neu herausgegeben zu werden."

Die Briefe bilden kein abgeschlossenes Ganzes. Einzelne Theile derselben können ohne nähere Kenntniß der Geschichte des Mainzer Vereins nicht ganz gewürdigt werden. Kapp selbst hat nach Sörgels Tode durch Herausgabe eines 1855 in New-York gehaltenen Vortrags „Die deutschen Ansiedlungen im westlichen Texas und der Mainzer Verein deutscher Fürsten, Grafen und Herren 1855,"[1]) am meisten beigetragen, die lehrreiche Geschichte dieses Vereins in Erinnerung zu bringen, dem er

„den Vorwurf nicht ersparen kann, daß er sich der sträflichsten Ueberschätzung seiner Mittel, der sträflichsten Unterschätzung der zu überwindenden Schwierigkeiten und des gewissenlosesten Leichtsinns in der Ausführung seines Kolonisationsunternehmens schuldig gemacht hat."

In der Absicht, einige Abschnitte aus Sörgels Briefen abzudrucken, halte ich für nöthig, zum besseren Verständniß einen kurzen Abriß der authentischen Geschichte des Mainzer Vereins zur Kenntniß zu bringen.

C. Der Mainzer Verein zum Schutze deutscher Einwanderer in Texas.[2])

Als Ferdinand Cortez das indianische Kaiserreich Mexiko erobert hatte, schickte er im Jahre 1528 Narvaez in das Gebiet der Natchez am mexikanischen Golf, von denen er hörte, daß sie es geräumt hatten. Narvaez verfolgte den nach Osten gewanderten Volksstamm bis nach Florida und kehrte um, ohne ihn eingeholt zu haben. Erst in weit späterer Zeit entschlossen sich die Spanier zur Besiedlung des neuentdeckten Landes, aber auch dann zunächst nur zu der von Louisiana. Das westliche Gebiet besiedelten sie erst seit dem Ende des 17. Jahrhunderts, und zwar nach ihrer Art hauptsächlich mit Forts und Missionen. Erst 1732 wurde Texas endgültig zu Mexiko geschlagen.

---

[1]) Siehe „Aus und über Amerika, Thatsachen und Erlebnisse von Friedrich Kapp," Band 1, S. 242.

[2]) Dieser Aufsatz stammt aus der Feder eines jungen Historikers, der noch nicht genannt zu werden wünscht.

Französische Ansiedlungsversuche waren vor und nach der spanischen Einverleibung unternommen, aber von den spanischen Truppen vereitelt worden. Im Jahre 1819 dagegen bewilligte die spanische Regierung dem Nordamerikaner Moses Austin zum Schutze der mexikanischen Ansiedler gegen die Indianer einen Ansiedlungsvertrag. Seitdem fing, begünstigt durch die 1821 erfolgte Losreißung Mexikos von Spanien, die Einwanderung der Nordamerikaner in Texas an, das fast menschenleere Land zu bevölkern.

Da die neuen Ansiedler meist Sklavenhalter aus den Südstaaten waren, standen sie in beständigem Widerspruche mit der Verfassung der mexikanischen Republik, in der die Sklaverei verboten war. Dieser Umstand vornehmlich, verbunden mit empörenden Rechtsbrüchen des Präsidenten Santa Anna, führte die Erhebung der Texaner und in deren Gefolge nach grausamen Gewaltthätigkeiten des Tyrannen die Unabhängigkeitserklärung vom Jahre 1836 herbei. In längeren, abwechslungsvollen Kämpfen mit dem Mutterlande behauptete sich die junge Republik, bis endlich im Jahre 1845 der Anschluß an die Vereinigten Staaten erfolgte, der aber erst 1848 durch einen Krieg mit Mexiko und — durch eine Geldsumme erkauft werden mußte.

Damals betrug die Bevölkerung von Texas erst einige 140000 Köpfe, wovon höchstens 2000 spanischer Abkunft waren, während die Indianer 8000 bis 10000 Seelen zählten, von denen über die Hälfte den Comanchen zugehörten. Ein guter Theil der übrigen waren Deutsche, denn bereits seit längerer Zeit hatte die deutsche Auswanderung Texas zu einem ihrer Ziele ausgewählt.

Noch unter spanischer Herrschaft werden unter einer Anzahl fremder Abenteurer mehrere Deutsche erwähnt und auch als solche bezeichnet. Noch in der ersten Zeit der nordamerikanischen Einwanderung trug sich ein Baron von Bastrop mit dem Gedanken eines großen deutschen Ansiedlungsunternehmens, das aber durch seinen Tod ebenso zum Scheitern kam, wie soviele nachher auf diesem Boden. Der Freiheitskampf sah eine große Zahl Deutscher in Texas, und mehrere darunter werden rühmlichst erwähnt, so Harkort, Chefingenieur unter Houston, der Feldmesser Erath, Ernst, der Gründer des ersten deutschen Städtchens „Industrie", einer der Vertrauensmänner der German-Universität, Herman Ehrenberg, der spätere Geschichtsschreiber des Unabhängigkeitskrieges, und eine größere Zahl anderer, von denen ein guter Theil mit dem Leben das Bürgerrecht seiner neuen Heimath bezahlt hat.

Die Berichte der älteren Einwanderer von der Fruchtbarkeit des Landes und den freigebigen Landschenkungen der Republik zogen wieder neue Einwanderer herbei. Viele machten sich in dem Küstenort Galveston und in Houston ansässig, andere gingen aufs Land, namentlich in die Austin-Grafschaft und in die Colorado-Grafschaft, und bauten sich Höfe am Mill und am Comming. Aber auch manches deutsche oder theilweise deutsche Unternehmen ist damals kläglich gescheitert, so allein 1839 deren zwei.

Der Zustrom der deutschen Einwanderung mußte im Verein mit der Nothwendigkeit einer ferneren Besiedlung ebenso die Aufmerksamkeit der Republik wie die von Landspekulanten erregen. Die Regierung von Texas verfolgte den Plan, den europäischen Ansiedlern den Westen des Landes bis zum Colorado anzuweisen, um lieber Fremde als Einheimische einem mexikanischen Einbruche auszusetzen. Bei diesem löblichen Bestreben fand sie Unternehmer, die gewissenlos genug waren, sich von ihr für diese meist gebirgigen, wenig ergiebigen, dazu von Indianern durchzogenen Gebiete einen sogenannten „Grant" ertheilen zu lassen. Es war das eine Landschenkung mit der Bedingung einer Besiedlung unter bestimmten Voraussetzungen. Natürlich dachten die Landwucherer nicht daran, eine ohnehin lästige Besiedlung unter so ungünstigen Verhältnissen selbst vorzunehmen, vielmehr suchten sie diese Arbeit auf andere Schultern zu schieben. Wie gewöhnlich in Amerika, erkoren sie sich die „Grünen", die Fremden, zu ihrem Opfer.

Im Februar 1842 schloß der elsässische Spekulant Henry Castro mit dem Freistaate einen Ansiedlungsvertrag über das Land nördlich vom Frio ab. Er lockte einige 500 Männer, in der Masse Elsässer und Schweizer, größtentheils Familienväter, ins Land, um sie dann schmählich im Stiche zu lassen. Ohne das ihnen versprochene Land zu erreichen, ließ sich ein Theil von ihnen in San Antonio nieder, andere gründeten westlich davon Castroville.

Ueber ein Gebiet im Nordwesten von Castros Erwerbung, in der Bexar-Grafschaft, von der Medina bis zum Ubalde erhielt im Juni desselben Jahres der Franzose Bourgeois d'Orvanne einen Grant, der dem Besitzer die Ansiedlung von 400 Familien in 18 Monaten auferlegte.

Dann schlossen wenige Tage darauf die Deutsch-Amerikaner Henry Fischer und B. Miller einen ersten Vertrag mit dem Präsidenten ab, den sie am 1. September des folgenden Jahres durch einen günstigeren ersetzten. Danach hatten sie in drei Jahren 600 — später 6000 — Männer mit oder ohne Familie ins Land zu führen, davon 200 in $1^1/_2$ — später in $2^1/_2$ — Jahren. Das fragliche Landgebiet war für eine Ansiedlung in größerem Umfange so ungünstig wie möglich gewählt. Um mehr als 150 englische Meilen von der Grenze der bisherigen Ansiedlungen, um das Doppelte von der Küste entfernt, befand es sich zwischen Llano und oberem Colorado gelegen, noch in den Händen der Comanchen. Obwohl von der Größe von 3878000 englischen Aeckern, von denen 1 auf $1^1/_2$ bis $1^3/_4$ preußische Morgen kommt, hatte der Boden doch nur wenig kulturfähige Erde, und dann vereinzelt in kleinen Parzellen; das Meiste war sandig und steinicht und wenig geeignet zum Ackerbau, derart, daß dort noch jetzt der Acker nur 2 Dollars durchschnittlich werth ist.

Die übrigen Bestimmungen der Grantkonzession entsprachen denen, die sich im amerikanischen Kolonialrecht als allgemein gültig herausgebildet hatten. Das ganze Gebiet war in gleich große Vierecke vom Umfang einer Quadratmeile oder 640 Morgen, sogenannte „Sektionen", zu zerlegen und zu vermessen, so jedoch, daß schachbrettförmig jede zweite Sektion für die Regierung frei blieb. Von dieser Bestimmung waren indeß das Schulland für Schule und Kirche und das Prämienland ausgenommen, welches letztere zu je 10 Sektionen für jedes hundert Familien, zu je 10 Halbsektionen für je hundert Einzelne dem Unternehmer zukam. Jede Familie, die sich in drei Jahren ein Haus errichtet und 15 Aecker angebaut hatte, erwarb eine Sektion, jeder Einzelstehende eine Halbsektion als Eigenthum. Von diesem Antheil des Ansiedlers durfte sich der Besitzer des Vertrages einen Theil bis zur Hälfte durch einen Privatvertrag vorbehalten. Sein Vortheil beruhte darin, daß die wüsten Striche in der Nähe von neuangebauten rasch im Werthe steigen mußten.

Im Besitze dieses so durchaus ungünstigen Vertrages beabsichtigten nun Fischer und Miller keineswegs, das Ansiedlungswerk selbst in die Hand zu nehmen. Sie hatten das Land, um das sie sich bewarben, nie gesehen! Weder in den fünf Vierteljahren zwischen ihrem ersten und ihrem zweiten Vertrage, noch späterhin haben sie auch nur einen Cent ausgegeben, um das Feld zu vermessen und Ansiedlern zur Niederlassung zu verhelfen. Fischer wie d'Orvanne sahen sich von Anfang an nach Leuten um, die unerfahren und — gutmüthig genug waren, sich ihre Verträge aufschwatzen zu lassen und ihnen diese lästige Arbeit abzunehmen. Sie sollten sie finden! . . .

Die Aussichten von Texas als deutschem Auswanderungsland besserten sich gerade in dieser Zeit ungemein. Briefliche Berichte wie gedruckte Darstellungen, so namentlich der Roman des damals sehr beliebten Schriftstellers Sealsfield „das Kajütenbuch", erweckten in Deutschland, das noch in den Kinderschuhen seiner vormärzlichen Periode steckte, Sehnsucht nach dem fernen Lande mit seinen Freiheitskämpfen, seinem Plantagenleben, seiner unerschöpflichen Fruchtbarkeit.

Nun bestand damals in der deutschen Bundesfestung Mainz ein Verein deutscher Fürsten, Grafen und Herren, meist aus Offizieren der österreichischen Garnison zusammengesetzt, der es sich zur Aufgabe setzte, den Adelsgeist zu pflegen und der auch Lektüre trieb. Auch auf dieses adlige Lesekränzchen machten die Schilderungen texanischen Lebens einen nachhaltigen Eindruck, und Graf Castell, dem unternehmendsten Mitgliede, gelang es, am 22. April 1842 eine „Gesellschaft zum Zwecke Ankaufs von Ländereien im Freistaate Texas" aus Vereinsmitgliedern zu konstituiren. Die Stiftungsurkunde unterzeichneten nur Adlige, da man „inter pares" bleiben wollte; es waren ein Fürst und mehrere Grafen Leiningen, Graf Boos-Waldeck und mehrere andere.

Auf Beschluß der neuen Gesellschaft reisten schon im Mai die Grafen Viktor Leiningen und Boos nach Texas ab, um dort bald jeder seine Wege zu gehen. Indem Leiningen, an den Kongreß von Texas in rechtlicher Hinsicht unerfüllbare Forderungen stellte und das ihm angebotene Gebiet zwischen Fischer und d'Orvanne verschmähte, versäumte er eine Verständigung; nach seiner Rückkehr im Jahre 1843 berichtete er dessen ungeachtet im Sinne eines Ansiedlungsunternehmens im umfangreichen Maßstabe.

Boos dagegen, das einzige mit einem Blick für die Anforderniße des Lebens begabte Mitglied der gesammten hochadligen Gesellschaft, that das einzig Vernünftige, was zu thun war; er erwarb käuflich einige 4000 Aecker guten Landes in der Fayette-Grafschaft und legte darauf die Nassau-Plantage an, allerdings mit einem Aufwande von mehr als 50000 Gulden, wofür aber auch heute der Boden doppelt soviel Dollars werth ist. Anfang 1844 heimgekehrt, erklärte sich Boos gegen eine größere Besiedlung, weil er verständigerweise die Kosten fürchtete.

Inzwischen waren im Schoße des Mainzer Vereins wichtige Dinge vor sich gegangen. Bourgeois d'Orvanne hatte sich im Sommer 1843 eingefunden, und sein Ansiedlungsvertrag war am 19. September bei einer Kündigungsfrist bis zum 19. Dezember provisorisch angenommen worden. Obwohl dieser Vertrag am 8. Juni 1842 geschlossen, den Besitzer zur ersten Ansiedlung bis zum 3. Dezember 1843 nötigte und, da eine solche nicht erfolgte, verfallen war, kaufte ihn das Direktorium am 7. April 1844 und — räumte dem Betrüger sogar noch einen Antheil an der Verwaltung der neuen Ansiedlung ein! Eine Verlängerung des ersten Termines war nicht zu erhoffen, da eine solche Anfang 1844 von der Regierung ausdrücklich verboten wurde. Trotzdem hatte d'Orvanne die Stirn, noch im Sommer darum zu ersuchen. Der Verein hatte also sein Geld für nichts fortgeworfen; das bekümmerte ihn aber nicht im geringsten; vielmehr trat er nun sofort mit schwellenden Segeln ein in die „Aera der Proklamationen."

Unterdessen hatte sich der Mainzer Verein eine neue Organisation gegeben. Bereits Ende Juni 1843 hatte er eine Aktiengesellschaft mit 200000 Gulden Vermögen gebildet. Die Generalversammlung vom 25. März 1844 nahm dann die Statuten an, welche — „finanzielle Spekulation ausgeschlossen“ — an die Stelle des Ankaufsplanes ein Ansiedelungsunternehmen setzten, und im Mai folgte die herzoglich nassauische Genehmigung des „Vereins zum Schutze deutscher Auswanderer in Texas.“ Für Boos, der sich hinter einem Orvanne zurückgesetzt sah, war in der Neubildung kein Platz mehr, — er schied aus. Es waren jetzt 25 Mitglieder, fünf regierende Fürsten, die Herrscher von Nassau, Koburg, Meiningen, Rudolstadt, Homburg, ferner der Prinz Friedrich von Preußen, verschiedene Fürsten, Prinzen und Grafen mediatisirter Häuser, so Fürst Leiningen, Prinz Carl Solms-Braunfels, mehrere Grafen Leiningen, der Rest ebenfalls Grafen, darunter Carl Castell und Isenburg-Meerholz. „Geschäftsmänner“ wurden auch jetzt nicht zugelassen — „damit ja in dem Verein der Geist der adeligen Sitte rein erhalten bleibe(!)“ Unter dem „Geschäftsdirektor“ Castell besorgten der Bankier Flersheim in Frankfurt a. M. und eine Anzahl Vereinsbeamter die Geschäfte.

Als ein solcher begleitete d'Orvanne unter dem schwungvollen Titel „Kolonialdirektor“ den „Generalkommissar“ Solms im Mai 1844 bei seiner Abfahrt nach Texas zum Empfange von Auswanderern für den Herbst. Im Lande selbst mußte dieser sofort den Werth der Erwerbung des Vereins erkennen. Betrübt schrieb er über die peinliche Lage, Auswanderer in Aussicht, aber kein Land für sie zur Verfügung zu haben.

Jetzt war für Fischer und Miller die Stunde gekommen. Sie boten dem Direktorium ihren Grant an, und — ohne Solms zu fragen, kaufte ihn dieses am 24. Juni, obwohl keiner der Betheiligten jemals das betreffende Land gesehen hatte! Die Betrüger erhielten dafür 9000 Dollars, die später, da sich diese geschäftsgewandten Herren einen Antheil an der Verwaltung noch für sich abkaufen ließen, auf 20000 Dollars erhöht werden mußten. Und doch war das Land, an sich ungünstig gelegen, für ein umfangreiches philanthropisches Ansiedlungsunternehmen gänzlich ungeeignet — was freilich den Verein nicht hinderte, es unbesehen als fruchtbar zu beschreiben —; und doch war der Acker guten Landes sogar im Bereiche der Ansiedlungen zu 5 oder 10 Cents erhältlich, wo er heute das Dreifache an Dollars kostet. Das Traurigste freilich war, wie sich die hochadeligen Herren über die rechtliche Grundlage ihres Erwerbes im Irrthum befanden; sie glaubten von Fischer Land gekauft zu haben, während dieser nur das Ansiedlungsrecht darauf besaß, sie hielten einen Grant für eine unbedingte Landschenkung, während er doch nur eine sehr bedingte und theilweise war! — Bourgeois d'Orvanne wurde entlassen, und der Verein ging die Wege Fischers, eines noch schlimmeren Versuchers.

Bereits seit einiger Zeit hatte von Mainz aus eine fieberhafte Thätigkeit in Veröffentlichung von Aufrufen, Programmen, Flugschriften, Bekanntmachungen aller Art begonnen. Unter dem 9. April 1844 brachten die deutschen Zeitungen die erste dieser langathmigen, schönrednerischen und schönfärbenden Kundgebungen, unterzeichnet von Fürst Leiningen und Graf Isenburg. Sie begann salbungsvoll:

„Ein Verein hat sich gebildet, dessen Zweck es ist, die deutsche Auswanderung so viel als möglich nach einem einzigen, günstig gelegenen Punkte hinzuleiten, die Auswanderer auf der weiten Reise und in der neuen Heimath zu unterstützen und nach Kräften dahin zu wirken, daß ihnen jenseits des Meeres eine neue Heimath gesichert werde. Der Verein erläßt diese Bekanntmachung nicht in der Absicht, Geldkräfte für sein Unternehmen zu gewinnen; das Geschäftskapital ist bereits vollständig gezeichnet (200000 Gulden!)" Er wünscht nur die Gründe und Grundsätze seines Thuns darzulegen; „er will, daß die Deutschen in Amerika eine deutsche Heimath wiederfinden, und aus dem ununterbrochenen Zusammenhange unter sich und mit dem alten Vaterlande ein gewerblicher und Handelsverkehr entstehe." Als das dazu geeignetste Land ist ihm Texas erschienen. „Durch erfahrene und des Landes kundige Männer hat er das texanische Gebiet bereisen lassen." Er hat „im gesundesten (!) Theile jenes Landes ein zusammenhängendes noch unbebautes Gebiet von beträchtlichem Umfang erworben."

Dann heißt es wörtlich weiter:

„Vor dem Abgang wird jedem Auswanderer eine Strecke gutes Land schriftlich zugesichert, welches er bei seiner Ankunft als Geschenk, ohne alle jetzige oder künftige Vergütung vom Vereine erhält. Dieser Boden, dessen größerer oder geringerer Flächenraum sich nach der Größe der Familie richtet, wird freies Eigenthum des Auswanderers, sobald (!) er drei Jahre lang auf seinem Gute gewohnt. Aber auch vor Ablauf dieser drei Jahre gehören ihm die Erzeugnisse seines Bodens, und der Verein macht weder auf jene, noch auf diesen den geringsten Anspruch."

Der Verein ist dagegen in der verschiedensten Hinsicht um das Wohl der Ansiedler bemüht. Dafür setzt er beim unverheiratheten Einwanderer ein Kapital von 300 Gulden, beim Familienhaupt ein solches von 600 Gulden voraus. Schließlich wird er, „um nicht das Wohl und Wehe deutscher Landsleute den Zufälligkeiten eines Versuches preiszugeben, im Laufe dieses Jahres fürs erste nur ein Hundert und fünfzig Familien zur Uebersendung zulassen."

In dem „Programm", das der Verein im Juni erließ, verlangt er vom Einwanderer:

„1. Tauf- und respektive Heirathsschein;
2. Taufschein der Kinder;
3. amtliches Zeugniß über Gewerbe und Wohnort;
4. Angabe des Namens und Wohnortes der Eltern (!);
5. eine beglaubigte Abschrift der Auswanderungserlaubniß von der Regierung;
6. Leumundszeugniß von der Gemeinde;
7. amtliches Zeugniß über den Vermögensstatus."

Von den 600 Gulden des Familienvaters gebraucht der Verein 180, von den 300 des Unverheiratheten 150 zur Bestreitung der Kosten; „über den restirenden Betrag wird der Agent im Namen des Vereins dem Auswanderer vor der Einschiffung einen Empfangsschein ausstellen, welcher in der Kolonialkasse als baares Geld betrachtet werden wird."

„8. Bewohnung des dem Kolonisten überlassenen Hauses, sowie Urbarmachung und Umzäunung von mindestens 15 Acres während und binnen drei Jahren,

9. allgemeine Anerkennung der Kolonisationsmaßregeln der Direktion während der drei ersten Jahre." . . .

Dagegen besorgt der Verein dem Auswanderer:

„1. freie Ueberfahrt und Beköstigung von Bremen bis an den Ausschiffungsort, sowie freien Landtransport;

2. unentgeltliche Ueberlassung von 320 Acres für die Familie und von 160 Acres für den unverheiratheten männlichen Einwanderer über 17 Jahre;

3. Anschaffung und Ueberlassung von allen zur Landwirthschaft und zum Lebensunterhalt gehörenden Geräthschaften und Materialien;

4. Anlage von Kirche, Schulen, Krankenhaus, Apotheke und Herstellung der Kommunikationsmittel, sowie Schiffbarmachung der Flüsse;

5. vollständiges Eigenthumsrecht auf die umsonst überlassenen Ländereien ohne alle weiteren Verpflichtungen gegen den Verein."

Diesen rosigen Versprechungen zuwider verpflichtet der beigefügte „Einwanderungs-Vertrag" den Verein nur zur Landanweisung und zum Vorschuß der Vermessungskosten; dagegen hat der Einwanderer

„1. drei nacheinanderfolgende Jahre, vom Tage der Besitz-Einweisung an gerechnet, auf den bewilligten Ländereien zu verweilen;

2. in demselben Zeitabschnitt 15 Acres Land zu umzäunen und in Kultur zu erhalten;

3. ein Wohnhaus auf seinem Grund und Boden zu errichten (!);

4. sich dem Verein und den Gesetzen zu fügen."

Während das Mainzer Direktorium sich und anderen texanische Luftschlösser errichtete, erkannte Prinz Solms in der rauhen Wirklichkeit selbst die Unbrauchbarkeit auch des Fischerschen Grants. Als die Ende September und Anfang Oktober 1844 auf drei Schiffen von Bremen abgegangene erste Ladung von Auswanderern von 200 Familien oder 700 Köpfen Ende November in Galveston eintraf, war immer noch kein Land für sie besorgt! Um nun doch das Vereinswerk fortzuführen, entschloß sich Solms kurz. Im März 1845 kaufte er am Nordrand der älteren Ansiedlungen 120 englische Meilen von der Vereinsgründung Carlshafen, aber immer noch einige 150 vom Kolonielande entfernt, 1500 Aecker für 800 Dollars an.

Unweit des Einflusses des Comals in die Guadalupe wurde im Mai Neu-Braunfels gegründet. Unter Anerkennung der Ansprüche auf das eigentliche Vereinsland erhielten die Ansiedler dort Parzellen zu einem halben Acker für ein Blockhaus und Zehnackerstücke geschenkt. Die Wahl der Stadt ist nach Lage der Dinge als eine im Wesentlichen günstige zu bezeichnen, obwohl sie sich von vornherein damit bescheiden mußte, die Rolle eines Ackerbaustädtchens und Marktfleckens für umwohnende Landleute zu spielen. Hierin hat Prinz Solms verhältnißmäßig günstig gewählt, da ihm doch sonst jede Kenntniß des Geschäftslebens und jeder praktische Blick abging, während er es an uneigennütziger Aufopferung nicht hat fehlen lassen.

Als ihn sein Nachfolger Otfried Freiherr von Meusebach aus Potsdam, ehemaliger preußischer Assessor, im Mai 1845 ablöste, fand er keine Rechnungsbücher, wohl aber statt des versprochenen überschüssigen Kredits — Schulden vor. Seine entschiedenen Vorstellungen bei der Vereinsleitung blieben einstweilen ohne Erfolg. Den Hauptbestandtheil des Vereinsvermögens hatte bereits die erste Verladung von Auswanderern im Herbste erschöpft, und den Rest verschlangen die 19500 Dollars Schulden, die Prinz Solms hinterlassen hatte. Dazu kamen nun die fortlaufenden Kosten für den Unterhalt der Eingewanderten, die Anfang November 24000 Dollars überstiegen.

Zur zweiten Einwanderung, die um diese Zeit erfolgte, trafen dann allerdings Kredite im Werthe von 24000 Dollars ein. Aber die von den Auswanderern eingezahlten 33000 Dollars für die Beförderung von der Küste bis ins Innere blieben ebenso aus, wie die 12000 Dollars, die der verheißene Bau von rund 500 Häusern für über 4000 Personen mindestens kosten mußte. Von den 52000 Dollars Deposita ferner durfte die Mainzer Oberleitung wohl die eine Hälfte einbehalten, — aber auch die andere sandte sie ihrem Generalkommissar nicht! Da nun noch für die Verpflegung von bisher 5000 Eingewanderten mit Tagesrationen zu 10 Cents weitere 45000 Dollars in Anschlag zu bringen sind, so ergiebt sich ein Gesammtbetrag von rund 140000 Dollars, der vor den neuen Einwanderungen an Meusebach abgeführt sein mußte.

Berichte über Berichte sandte dieser nach Deutschland; sie blieben der eine wie der andere unbeachtet. Da entschloß sich Meusebach zu einem verzweifelten Mittel. Er veranlaßte im Februar 1846 eine Besprechung der Sachlage durch die deutsche Presse. Dies wirkte. Das erschrockene Direktorium wies ihm nunmehr 60000 Dollars an, die indeß erst Anfang September anlangten. Damals kam noch einmal wieder Fluth in die Kolonialkasse, die so lange an ewiger Ebbe gekrankt hatte.

Inzwischen war gräßliches Unglück über die bedauernswerthen, an das Klima noch nicht gewöhnten, bei Karlshafen wie das Vieh zusammengepferchten Einwanderer hereingebrochen. Nach amtlicher Angabe starben im Hafen und unterwegs über 300 Personen, was mit den damals Erkrankten und später Gestorbenen einige 800 ausmachen würde, nach anderer Schätzung hat das Massenelend mehr als 1000 Opfer gefordert. Diese empörenden Zustände haben dann noch im Sommer 1846 in Neu-Braunfels und Friedrichsburg, der neuen Vereinsgründung, wohin die Ansiedler von 1845 meist gebracht wurden, in ekelhaften Krankheiten und verzweiflungsvollen Verbrechen eine entsetzliche Fortsetzung erfahren. Opfer dieser empörenden Zustände sind dann auch die Einwanderer von 1846 und 1847, gegen 2400 an der Zahl, geworden. — Im Ganzen hat der Mainzer Fürstenverein wohl 8000 Menschen nach Texas geführt.

Zur Anlage einer zweiten Ansiedelung hatte Meusebach im Herbste 1845 über 10000 Acker in der Nähe des Pedernales unterhalb des Llano, etwa in der Mitte zwischen dem eigentlichen Vereinslande und Neu-Braunfels, 70 bis 90 Meilen nordwestlich von diesem Ort, auf Borg gekauft. Ueber den Werth dieses Ankaufs gingen die Meinungen sehr auseinander. Wohl war das Land urbar und an Wasser und Holz nicht arm, aber die Lage war keine allzu gesunde und die Entfernung von der Küste so beträchtlich, daß sich der Anbau mancher Erzeugnisse garnicht erst lohnte. So scheiterte denn auch der erste Ansiedlungsversuch noch in demselben Herbste an der Magenfrage, und ein zweiter konnte erst im nächsten Frühjahre unternommen werden.

Im Allgemeinen aber hat doch Meusebach segensreich und voller Aufopferung seines schweren Amtes gewaltet, und es ist schnöder Undank gewesen, womit ihm die Bürger von Neu-Braunfels lohnten. Am 31. Dezember 1846 gab es einen Aufruhr in Neu-Braunfels; durch drohende Reden erzwang ein wüster Haufe vom Kommissar die Unterschrift unter eine Reihe unberechtigter Forderungen, so namentlich das Versprechen, sein Abschiedsgesuch einzureichen. Fischer, der böse Engel des Vereins, leitete die Verhandlungen; er konnte nicht wünschen, daß eine so tüchtige Kraft Ordnung in die trüben Vereinsverhältnisse brachte.

Bis eine Antwort aus Deutschland eintraf, entschloß sich Meusebach im

Januar 1847, endlich einmal einen Vorstoß in das eigentliche Vereinsland jenseits des Llano zu unternehmen. Gegen Geschenke im Werthe von 3000 Dollars traten ihm die Comanchen in dem berühmten „Konzil am See Saba“, Anfang März, wenigstens das Land am Llano ab, wovon allerdings nur ein kleiner Strich brauchbar war. Hier sind die Orte Castell, Leiningen und Meerholz angelegt worden, von denen jedoch nur die beiden ersten, und sie erst nach Jahren in Aufnahme kamen. 1848 ist den Ansiedlern das Kolonieland von der Regierung überlassen worden.

Nach vierteljähriger Abwesenheit kehrte Meusebach nach Neu-Braunfels zurück, und im Juli erfolgte die Abgabe des Kommissariats an seinen Nachfolger Spieß. Jetzt wurde endlich eine Anleihe von 1 200 000 Gulden aufgenommen, und so hat der Verein mit der anfänglichen Ausgabe von 200 000 Gulden im Ganzen ziemlich anderthalb Millionen in sein texanisches Abenteuer geworfen. Spieß aus Darmstadt und Herff waren vom Grafen Castell gegen die theils baar ausgezahlte, theils auf Lieferungen angewiesene Summe von ziemlich 60 000 Gulden zur Anlage einer Ansiedlung im eigentlichen Vereinsland verpflichtet worden. Einige dreißig gebildete junge Leute wurden dorthin geführt und legten unweit Castell eine Farm an. In gewohnter Kopflosigkeit hatte das Mainzer Direktorium leider versäumt, die Ansiedler für einen längeren Zeitraum zu binden, und so zerstreute sich die „Darmstädter Kommunistenkolonie“ alsbald in alle Winde.

Ebenso scheiterte eine Uebertragung von Ansprüchen und — Schulden, die 1848 versucht wurde; die damals geplante „deutsche Kolonisationsgesellschaft für Texas in Bieberich“ ist nie ins Leben getreten.

So trat denn der Verein 1850 noch einmal mit einer seiner beliebten Bekanntmachungen vor die deutsche Oeffentlichkeit. Graf Friedrich Alt-Leiningen sandte von Wiesbaden aus einen „Comite-Bericht“ in die Welt, worin abermals zur Wahl von Texas als Auswanderungsland aufgefordert wurde. Allein das Massenelend in Carlshafen hatte seines Eindrucks auf die deutsche Auswanderung nicht verfehlt, und der Eifer der fürstlichen Menschenbeglücker hatte sich merklich abgekühlt; das Unternehmen wollte nicht mehr in Gang kommen. 1852 hatte der Verein noch einen Generalagenten in Texas, 1853 verlieren sich die letzten Vereinsschritte im Sande. Freilich hinderte das Fischer nicht, noch nach Jahren als Vereinsbeamter aufzutreten!

Von den 300 Sektionen Prämienland zu 192 000 Aeckern, die dem Mainzer Verein noch über die Hälfte der von ihm vermessenen 4500 englischen Quadratmeilen Land hinaus zukamen, erwarben die Ehrenmänner Fischer und Miller auf betrügerischem Wege einen großen Theil, ein anderer fiel an Gläubiger, der Rest wurde versteigert. Der Antheil des Vereins an den Landparzellen der Ansiedler mußte veräußert werden, um damit Schulden zu bezahlen. Bis in die jüngste Zeit haben sich Prozesse um diese Abtretungen fortgeschleppt.

Von den 8000 Seelen, die das Vereinsunternehmen nach Texas geworfen hatte, lebten sehr viele nicht mehr; ein großer Theil hatte sich nach allen Richtungen der Windrose verlaufen. Nur 1000 bis 1200 Einwohner zählte Neu-Braunfels in diesen Jahren, aber — den einen Zweck hatte der Verein wenigstens erreicht — es war der Mittelpunkt deutschen Lebens geworden. In der Gegend zwischen Guadalupe und Colorado, von San Antonio bis Friedrichsburg, zogen sich in langer Kette die deutschen Ansiedlungen hin. 15 000 Menschen, meist Bauern, viele Gebildete darunter, hatten hier eine neue Heimath gefunden. Außer Neu-Braunfels und Friedrichsburg haben sich Castell, Leiningen und Nassau bis in die Gegenwart hinübergerettet, die beiden ersteren allerdings nur als Ansiedlungen, Nassau aber als ein Paradies.

Der trotz alledem trübe Ausgang des Mainzer Fürstenvereins ist hauptsächlich in dem unlösbaren Widerspruch zu suchen, in dem sich seine Versprechungen und seine Leistungen befanden. Versprochen hatte er seinen Schutzbefohlenen, sie an Ort und Stelle zu befördern, ihnen bis zur ersten oder zweiten Ernte Lebensmittel, sowie auf Borg Arbeitsgeräth und Hausthiere zu liefern, ihnen Häuser zu bauen und Ackerplätze anzuweisen, sowie die Vermessungskosten vorzuschießen, Wege zu bauen, Flüsse zu reguliren, endlich Kirchen und Schulen zu bauen und andere gemeinnützige Einrichtungen zu treffen. Gehalten hat der Verein von diesen seinen Versprechungen herzlich wenig.

Allerdings ließen sich diese Riesenausgaben mit den Einzahlungen der Auswanderer nicht im Entferntesten decken, aber es war doch sein Verschulden, daß diese seine Einnahmen so spärlich bemessene waren. Sie bestanden nur aus 40000 Dollars Transportkosten und 60000 Dollars Deposita. Aber die Beförderung kostete mindestens 280000 Dollars und von den 30000 Dollars Deposita, die dem Verein im besten Falle für seine Zwecke blieben, ließen sich auch die wichtigsten Bedürfnisse nicht bestreiten. Die Lebensmittel verschlangen muthmaßlich 250000 Dollars, die Arbeitsgeräthe mußten eine Ausgabe von 650000 Dollars, Hausthiere eine solche von über 500000 Dollars erfordern. Wenn dann die versprochene Anzahl Häuser eine Summe von 50000 Dollars und die Vorschußkosten für die Landvermessung 190000 Dollars in Anspruch nahmen, so war für diese dringendsten Ausgaben ein Gesammtbetrag von 1850000 Dollars von vornherein in Rechnung zu setzen.

Haben nun Kenner der Verhältnisse die Gesammtkosten nur auf eine Million, ja nur auf eine halbe Million berechnet, so war allerdings das zur Beförderung verwandte Inventar, wie auch das von den Ansiedlern dem Verein überlassene Land nebst dem Prämienland zu veräußern; dagegen sind in die obige Berechnung die übrigen Versprechungen des Vereins, Wegebau, Flußregulirung, Errichtung von Kirchen und Wohlthätigkeitsanstalten, ebenso wenig einbegriffen, wie der Preis des Landes, das geschenkt sein, das aber auch 4 Millionen kosten konnte. In der That hat denn auch der Verein eine Art Kirche gebaut, vom Pfarrer Schule halten lassen, mehrere Aerzte zu unentgeltlicher Behandlung angestellt, selbst ein Waisenhaus für die allerdings durch sein Verschulden so zahlreichen Waisen errichtet. Es war ja nicht nöthig, die Dinge in so großartigem Stile zu betreiben, man konnte sich ja einschränken, namentlich darauf verzichten, sofort Zehntausende nach dem neuen Welttheil zu werfen. Die Wirklichkeit hat sich denn auch bedeutend bescheidener ausgenommen und die Kosten sind dementsprechend geringere gewesen. Und doch ist dafür neben mehr als einer halben Million Dollars der ganze Vereinsbesitz an Landrechten draufgegangen![1])

---

[1]) Diesen Berechnungen ist Kapp, „Aus und über Amerika,“ Band 1, 1876, Seite 243—90: Die deutschen Ansiedlungen im westlichen Texas und der Mainzer Verein deutscher Fürsten, Grafen und Herren (1855), S. 277—79 zu Grunde gelegt, der sich auf Constant: Texas 1847, S. 21 und Sörgels Briefe „Für Auswanderungslustige!“ S. 49 stützt. Dazu ist die Zeugenaussage Meusebach Answerto Interrogatories 1894, S. 7, 16—17, 29—30 herangezogen, die eigentliche Grundlage des vorliegenden Aufsatzes.

Wie der Grundirrthum des Vereins seine falschen Berechnungen waren, so täuschte er sich fernerhin in den Vorstellungen über seine rechtlichen Befugnisse. Er fühlte sich als glücklichen Besitzer von 450 deutschen Quadratmeilen, während er nur das Recht zur Ansiedlung in einem Theil dieser umfangreichen Striche hatte. Er hielt die Schenkung fälschlich für eine unbedingte. Von weniger weittragenden Folgen war eine juristische Unterlassungssünde; man hatte es versäumt, die von der Republik Texas bewilligte Abtretung des halben Ansiedlerlandes auch von der Vereinigten-Staatenregierung zu fordern. —

Der klägliche Ausgang des Vereinsunternehmens zusammen mit der Summe seiner Irrthümer, Verfehlungen und Versäumnisse hat naturgemäß eine Fluth bitterster Vorwürfe hervorgerufen. Mit Recht sind dem Mainzer Verein vor allem seine falschen Berechnungen, dann seine Verachtung der im Geschäftsleben nötigen Vorsichtsmaßregeln und die unsichere Unterlage seiner ausschweifenden Pläne vorgehalten worden. Diese Fürsten, Prinzen und Grafen glaubten mit Leichtigkeit von ihren Garnisonen und Schlössern aus im fernen Amerika ein Werk menschenbeglückender Nächstenliebe vollbringen zu können, und sie begingen einen fahrlässigen Massenmord. Sie hofften, dem deutschen Gewerbefleiß neuen Absatz zu sichern, dem deutschen Handel neue Märkte zu öffnen, und sie schufen doch im Grunde nur ein paar dürftige Ackerbürgerstädtchen, inmitten wenig zahlreicher und nicht besonders blühender Ansiedlungen, eine deutsche Enklave in rings volksfremder Umgebung. Sie erwarteten, mit 200000 Gulden reichlich auszukommen, ja vielleicht noch einen kleinen Reingewinn für die aufgewandte Mühe zu erzielen, und sie mußten anderthalb Millionen nebst allem Landerwerb in ihr Abenteuer werfen.

Das aber versöhnt gerade wieder mit ihrem Ungeschick, daß sich für alle ihre freiwillig übernommene Mühe nicht der geringste Gewinn aufweisen läßt, und schon aus diesem Grunde ist die dem Verein zum Schutze deutscher Einwanderer in Texas zu Theil gewordene Verdächtigung abzuweisen, wonach er von England gestiftet und bezahlt war, um durch Gründung einer deutschen Antisklavereipartei in der Republik Texas deren Anschluß an die damals noch sklavenhaltenden Vereinigten Staaten zu hintertreiben. Diese Schlechtigkeit ist den deutschen Edelleuten nicht zuzumuthen, ganz abgesehen von der Aussichtslosigkeit eines solchen Unterfangens.[1])

D. Sörgel verkauft die Buchhandlung in Glogau und wandert aus.

Ueber Sörgels buchhändlerische Thätigkeit in Glogau verdanke ich einige Mittheilungen dem Bibliothekar des Börsenvereins der deutschen Buchhändler zu Leipzig Herrn H. Burger. Nach einer „Alwin Heinrich Sörgel“ unterschriebenen, gedruckten Geschäftsanzeige hat Sörgel am 2. Januar 1841 die Sortiments-, Buch-, Kunst- und Musikalienhandlung

---

[1]) Diese Unterstellung, deren Erfinder und Hauptvertreter Siemering ist, hat ausführlich v. Rosenberg, Kritik der Geschichte des Vereins zum Schutze der deutschen Auswanderer nach Texas (The German Emigration Company), wie sie im „Auswanderer“, Jahrgang 1894, Nr. 127 und 129, vorgetragen ist, 1894, besonders S. 3, 5, 25—26, 29—31, widerlegt. Die gute Absicht des Vereins wird auch bei allem sonstigen Tadel von allen seinen namhaften Geschichtsschreibern anerkannt, so in Kapp 1, S. 275, Constant S. 7, Sörgel, sowie von der gründlichsten älteren Schrift Roemer: „Texas. Mit besonderer Rücksicht auf deutsche Auswanderung 1849,“ S. 26.

nebst Antiquariatsgeschäft von H. Prausnitz in Glogau käuflich erworben, um das Geschäft unter der Firma „A. H. Sörgel vormals Heymannsche Buchhandlung" fortzusetzen. Prausnitz schloß seinen Verlag von dem Verkauf aus. Sörgel erklärte in der Geschäftsanzeige, an dem persönlichen Betrieb der erkauften Handlung durch anderweitige Geschäfte verhindert zu sein[1]) und deshalb die vollständige Leitung mit Generalvollmacht seinem Freunde Ludwig Klähn in Berlin zu übergeben. Worin die anderweitigen Geschäfte bestanden, habe ich nicht ermitteln können. Er war schon vorher in Glogau geschäftlich, aber nicht buchhändlerisch thätig gewesen. Vor dem Ankauf der Buchhandlung hatte er sich verlobt. Im Juni 1843 heiratete er. Seine Frau wurde nach ihrer Entbindung (März 1844) gemüthskrank. Er mußte sie in eine Heilanstalt bringen, wo sie erst zwölf Jahre nach ihm (1887) gestorben ist. Wenige Monate nach der Erkrankung seiner Frau verkaufte Sörgel die Buchhandlung an Hugo Wagner, damals Gehilfe in der Firma Carl Flemming. Seine in Eisleben wohnende Mutter nahm sein Töchterchen zu sich. Im November 1845 ging er nach Texas.

Wie war es möglich, daß ein ruhiger, kaltblüt'ger Mann mit einem so klaren Urtheil wie Sörgel seine Auswanderung „unter dem Schutze des Mainzer Vereins" unternahm? Es ist schwer, sich in die Anschauungen jener Zeit hinein zu versetzen. Mit Recht nimmt Kapp an, daß das philantropische Unternehmen deutscher Fürsten, Grafen und Herren „die damalige öffentliche Meinung einstimmig für sich haben mußte." Er meint, der Charakter jener Zeit hätte dem Plane nicht günstiger sein können.

„Es war nämlich zu Anfang der vierziger Jahre die Periode des ersten politischen Erwachens, der ersten kräftigen Regungen des Nationalgefühls, der deutschen Flotten- und Seemachtsträume, der unklaren Wünsche und Bestrebungen auf allen Gebieten des öffentlichen Lebens; es war aber auch die Zeit des ersten Anklopfens des Sozialismus und der ersten Proletarieraufstände, welche plötzlich die Lage der arbeitenden Klasse zur Parole des Tages machten und die soziale Frage in den Vordergrund des öffentlichen Interesses drängten. Das Volk mit seinen rauhen und schmutzigen Händen wurde auf einmal, wenn auch nicht als Individium, so doch als Kollektivbegriff salonfähig. Damals bildeten sogar die aristokratischen und bureaukratischen Kreise Vereine für das Wohl der Arbeiter, die jetzt schleunigst von oben herab beglückt werden sollten. Die Regierungen begünstigten selbst eine Zeitlang diese unklaren Gefühlsrichtungen, weil sie von der Realität der politischen Mißstände ablenkten. Die kleinstaatliche Schreibstubenweisheit glaubte sich sogar der ärmeren Volksklasse am leichtesten durch Auswanderung entledigen zu können. In ihrer volkswirthschaftlichen Unbildung hatten sie gar keinen Begriff davon, daß selbst der ärmste Einwohner eines Landes einen bedeutenden Vermögenswerth in sich darstellt, und daß es nur darauf ankommt, ihn durch positive Leistungen

---

[1]) Sörgels 1844 in Glogau geborene Tochter, jetzt die verwittwete Frau Fabrikdirektor Pauline Martin zu Wernigerode, meint „am persönlichen Betrieb der Sortimentsbuchhandlung war er gehindert durch seine gänzliche Unfähigkeit, bei seiner Steifheit und Wortkargheit mit den Käufern zu verkehren." Ihres Vaters „anderweitige Geschäfte" hätten wohl nur in Schriftstellerei und Dichten bestanden. Sörgel erwähnt in der Geschäftsanzeige, daß er „einen Theil seiner Kapitalien dieser Branche zugewandt" habe. Seine Kapitalien bestanden vermuthlich wohl nur in dem, was er von seinem 1839 verstorbenen Vater geerbt hatte. Wie viel es betrug, ist mir nicht bekannt.

zu verwerthen. Sogar die liberale badische Kammer, wie auch die darmstädtische, beschlossen die zwangsweise Uebersiedlung armer Gemeinden nach Amerika.

Andrerseits drang in die Litteratur eine krankhafte Sentimentalität ein und machte sich dort mit großer Ostentation bis zum Jahre 1848 breit. Volksbeglückende Schriften schossen wie Pilze aus der Erde, jeder hatte irgend ein Geheimmittel bei der Hand, welches das soziale Uebel mit einem Schlage beseitigen sollte . . .

Bewußt und unbewußt spielten diese unklaren, aber mächtigen Zeitströmungen auch in dem von dem Verein deutscher Fürsten, Grafen und Herren geplanten Unternehmen ihre Rolle."

Sörgels Briefe und Aufzeichnungen ergeben, daß der Mißmuth über die trostlosen Zustände des deutschen Vaterlandes und die Ueberzeugung, daß an eine Besserung nicht zu denken sei, ihn beim Abschied von der Heimath erfüllten, und ferner, daß er von den damals unter den Gebildeten weit verbreiteten sozialistischen Anschauungen durchdrungen war, daß er sogar plante, in Texas eine kommunistische Kolonie zu gründen!

Sein „Tagebuch" begann mit Betrachtungen über Deutschland als das Herz der Erde und einem poetischen Abschiedsgruß.

„Die Germanen, wie alle Völker, zogen immer nach Westen mit der Sonne: über England nach Amerika. Dort sind sie unwiderstehlich. Sie dringen vor wie der Frühling in die todte Erde und verdrängen die abgelebten romanischen und indianischen Stämme. Und fängt dieser Frühling nicht auch schon an über den stillen Ozean nach China zu wallen? Leckt nicht schon die junge Morgensonne an dem sogenannten ewigen Schnee Chinas? Deutschland heißt mit Recht das Herz Europas. Aber das Blut muß durch den ganzen Körper dringen. Deutschland ist das Herz der Erde. Die Germanen sind das Blut. Es darf nicht faul im Herzen stocken. Walle, walle, du frisches Blut! walle und belebe.

Nach Westen schau, mein deutsches Volk, nach Westen!
Und wende ab Dich endlich nur vom Osten!
Daß sie Dich auf den Morgen stets vertrösten,
Das wird Dich manchen schönen Tag noch kosten.

Was starrst Du nach des Morgenrothes Glühen?
Und horchest auf der Lerche schmetternd Lied?
Und ist sie da, läßt müßig Du sie ziehen,
Und seufzest still, wenn Abends sie verglüht?

Es zeigt Dir Tag für Tag der Sonne Wandeln
Zur Freiheit übers Meer den Pfad,
Doch Du, gewohnt zu grübeln statt zu handeln,
Vergissest übers Hoffen stets die That.

Zieh mit der Sonne, deutsches Volk, nach Westen,
Und wende endlich ab Dich nur vom Osten.
Daß sie Dich auf den Morgen stets vertrösten,
Das wird Dich manchen schönen Tag noch kosten!

Ich gehe, ein gebeugter Mann,
Und scheide mit gebrochnem Herzen.
Noch einen Blick und dann und dann —
Adieu, Adieu Land meiner Schmerzen.

Das Sklavenjoch nicht treibt mich fort,
In das die Könge Dich geschlagen, —
Die feige Demuth treibt mich fort,
Mit der Du knechtisch es ertragen.

Daß Du die schnöden Fesseln nicht
Mit starken Fäusten willst zerbrechen,
Daß Du im strafenden Gericht
Die Schuld der Könge nicht willst rächen.

Die Tapfern, die mit kühnem Muth
Die Freiheit zu erkämpfen trachten,
Daß Du mit kaltem trägen Blut
Sie lässest in den Kerkern schmachten:

Drum hab ich, ein gebeugter Mann
Mich nun entsagend abgewandt:
Noch einen Blick und dann — und dann
Adieu Du unglückselig Vaterland.

In dem geschriebenen Heft folgt nach dem Abschiedsgedicht ein auf dem Auswandererschiff geschriebener Brief, von dem ich nicht weiß, ob er abgesendet ist.

Vom Bord der Franziska bei Rhede von Ryde auf Wight schrieb Sörgel am 24. November 1845 an Herrn Buchhändler Meyer in Hildburghausen:

„Wir haben hier vor einem Sturm Schutz suchen müssen und ich benutze diese Gelegenheit, um Ihnen folgende Eröffnung zu machen.

Mit fünf jungen, thatkräftigen Männern vereint, bin ich auf dem Wege nach Texas; wir wollen dort das suchen, was in Deutschland nicht zu finden und zu hoffen ist: Freiheit. Doch nicht allein die politische Freiheit streben wir an, auch eine soziale Reform. Bei uns selbst aber wollen wir die Reform beginnen, unbekümmert um unsere Umgebung. Jeder giebt, was er hat und arbeitet nach Kräften, wogegen er von allem Vorhandenen empfängt. Die Erbschaft in der Familie ist abgeschafft. Unter uns giebt es kein Geld, wohl aber zwischen uns und der Außenwelt. Mit diesen Grundprinzipien, mit festem Willen und geschickten Händen hoffen wir in einigen Jahren im Stande zu sein, unsern in Deutschland zurückgelassenen Gesinnungs- und Blutsverwandten eine Freistätte zu bereiten und unsere Gemeinde von außen und innen vergrößern und befestigen zu können. Wir denken nur, das vom Deutschthum abzulegen, was das Volk hindert, eine große und freie Nation zu sein, sonst nichts. Wir denken vorzüglich die dem Kommunismus sehr gefährliche Klippe der Uniformirung des Individuums zu vermeiden. Und endlich denken wir, bei geregelter körperlicher Arbeit die deutsche Geistesbildung nicht aufzugeben. Da nun Jeder von uns nach Kräften zum Wohle der Gemeinschaft beitragen muß, will ich auch meine buchhändlerische Praxis benutzen."

Sörgel macht nun den Vorschlag, ihm einige Exemplare der von Meyer herausgegebenen Familienbibliothek kommissionsweise zu überlassen, da er meint, daß damit unter der Menge in Texas lebenden Deutschen und unter gebildeten Amerikanern ein gutes Geschäft zu machen sei u. s. w. Er unterzeichnet: A. H. Sörgel, früher Buchhändler in Glogau.

Weder in den geschriebenen Aufzeichnungen noch in den gedruckten Briefen ist dieses Anerbieten erwähnt. Ich vermuthe, daß der Brief, wenn er abgesandt wurde, eine abschlägige Antwort erhalten hat.

E. Aus den sechs Briefen Sörgels an Professor Biedermann vom November 1845 bis Mai 1846.

Die ersten beiden Briefe Sörgels sind an Bord der Franziska auf der Rhede von Ryde auf Wight geschrieben. Das Schiff war, nachdem es fünf Tage im Kanal vom Sturm herumgepeitscht worden war, am 20. November dort in den Hafen eingelaufen und wartete Wochen lang auf günstigen Wind. Sörgel ist nicht, wie ich irrthümlich in dem Nachruf (Seite 5) gesagt hatte, mit den ersten Ansiedlern des Mainzer Vereins ausgewandert. Nach der Versicherung des Vereinsagenten in Bremen Dr. Hill waren im Jahre 1845 schon 2500 Personen in 17 Schiffen unter dem Schutze des Vereins nach Texas gefahren. Sörgel kannte das auf Veranlassung des Vereins geschriebene „Handbuch für Auswanderer nach Texas" und die von diesem herausgegebenen „gesammelten Aktenstücke"; er hatte in Bremen und auf dem Schiffe alle zu erlangenden Nachrichten eingezogen. Er hat nicht, wie es in dem Nachruf angegeben ist, erst in Galveston die Hohlheit und Planlosigkeit des Unternehmens kennen gelernt; schon im ersten Briefe bezeichnet er als dessen Zweck „den Verein zum Sprechen zu bringen." Der Verein müsse seine Versprechungen zurücknehmen, die er in bester Absicht, aber leichtsinnig gegeben. Auf diese Versprechungen sei die Auswanderung des größten Theils seiner Mitpassagiere gegründet; der Verein aber könne davon wenig erfüllen.

Der Verein hatte von den Indianern, den Comanches, nichts gesagt.

„Das Handbuch schildert sie mit lieblichen, freundlichen Farben. Welch arger Betrug! Welcher indianische Stamm von der Zahl der Comanches hat sich noch ohne blutigen Kampf sein Jagdgebiet vom Pfluge der Weißen durchwühlen, sein Wild, seine einzige Nahrungsquelle töten und verscheuchen lassen durch die anmaßenden Bleichgesichter? Es ist wahr, die Indianer sind feig; die Comanches sind es auch. Aber wie oft sind die steinernen, unermüdlichen, klugen Hinterwäldler erlegen, und die kampfungewohnten Deutschen sollten ihnen widerstehen? Und glauben Sie ja nicht, es sei nicht so schlimm mit den Indianern! Der Prinz Solms, der im vorigen Jahre Auswanderer nach Texas führte, wagte es nicht, mit ihnen (es waren über hundert Männer) in das Vereinsgebiet zu ziehen, weil ihm alle erfahrenen Texaner abriethen."

Sörgel selbst fürchtete die Indianer nicht:

„Ich bin mit fünf jungen, kräftigen, muthigen Männern eng vereint; zum Schutz gegen die Indianer werden wir mit 14 anderen ein festes, leicht zu vertheidigendes Blockhaus bauen — wie die Franzosen gegen die Araber. Wir werden am Tage vorsichtig sein und nachts stets Wachen und Hunde ausstellen. So hoffen wir, 20 Mann mit 30 Büchsen, den Indianern gegenüber eine nicht zu verachtende Macht zu sein und nicht von ihnen angegriffen zu werden, denn sie greifen einen gut bewachten Posten nie an. Und greifen sie uns an, werden sie uns gerüstet und tapfer finden."

Zum Schluß seines Briefes fordert Sörgel auf, die Verbreitung seiner Berichte schleunigst auf alle mögliche Weise zu befördern. Man müsse den Verein zum Reden bringen, damit sich nicht wieder Tausende in eine unbekannte Gefahr stürzen.

„Das Vereinsgebiet liegt zu tief im Lande, zu weit von allen jetzigen Ansiedelungen entfernt, um in dasselbe mit einer großen Familie beladen zu ziehen. Und wer hineingeht, muß schon in Europa wissen, was er wagt. Man darf ihn nicht blind hineinstoßen oder ihn verlocken hinein zu rennen. Ich beschwöre Sie, diese Angelegenheit zu der Ihrigen zu machen, da Sie etwas dafür thun können. Machen Sie nur den Verein sprechen! Das ist vorläufig alles. Das Weitere findet sich, wenn er gesprochen hat. Geschieht nichts, dann gehen mit dem Vereine im nächsten Jahre 5—6000, und welche Garantien haben wir für ihr Wohl, für ihr Leben?"

In dem zweiten Briefe von Ryde schildert Sörgel das Leben und Treiben auf einem Auswandererschiffe. Dann geht er auf die Versprechungen des Mainzer Vereins ein und theilt den vom texanischen Vizekonsul in Bremen bekräftigten Einwanderungsvertrag mit. Die mit den Verhältnissen in Texas Vertrauten seien von der Unmöglichkeit der Erfüllung aller Versprechungen fest überzeugt, aber mit einer einzigen Ausnahme (die er selbst bildet) rechneten und hofften die 116 Vereinspassagiere der Franziska auf die Erfüllung aller und jeder Versprechungen von Seiten des Vereins.

Erst der dritte der Briefe ist aus Texas gesendet. Er datirt aus Galveston, den 31. Januar und Houston, den 4. Februar 1846. Zunächst wird die Seereise von Ryde auf Wight nach Texas geschildert:

„Auf der Rhede von Ryde warteten wir lange vergeblich auf einen günstigen Wind, der sich endlich am 24. Tage nach unserem Einlaufen zwar nicht einstellte, doch mit einiger Wahrscheinlichkeit erwarten ließ. So fuhren wir mit einem Nordwinde in See und — lavirten. Das Schiff flog hin und her, wie ein Leinweberschiff, Faden um Faden vorwärts dringend. Als wir auf diese ermüdende Weise den Kanal durchwoben hatten, schwoll der Wind zum Sturme und warf uns in den gefürchteten Biskajischen Meerbusen. Ein fast wehrloses Spielzeug des Sturmes, erklimmte das Schiff die steilen Wellen und stürzte auf der andern Seite sogleich wieder 30 bis 40 Fuß hinab, bald auf den Wasserberggipfeln tanzend, bald in den Thälern tief versteckt, das ganze große Gebäude von einer Seite auf die andere fallend, die Raen und Segel in das Wasser laufend, als wollten sie stützen und stemmen, und die 90 Fuß hohen Masten gewaltige Bogen durch die Luft schlagend. Die Neuheit, die Großartigkeit des Kampfes der Elemente unter sich, das Schiff von beiden feindlich bekämpft, hat große Reize und erregt sehr, doch stumpfen die unaufhörlichen Unbequemlichkeiten bald gegen die Reize, ja gegen die Gefahr ab. Denken Sie sich den Boden Ihres Zimmers von einem Winkel von 45 Grad und darüber auf der einen Seite zu einem solchen auf der anderen schwankend, abwechselnd nach vorn und nach hinten hoch erhoben. Denken Sie sich auf dem Deck stehend, mit beiden Armen am Taue geklammert, daß sie schmerzen, von Spritzwellen und Regen übergossen, bis auf die Haut durchnäßt, oder in der Kajüte von einer Wand zur andern polternd, oder in der Koje liegend, bald den Kopf, bald die Füße oben, bald an die rechte, bald an die linke Planke geworfen — denken Sie sich diesen Zustand durch drei Tage und Nächte fortgesetzt, und Sie werden begreifen, daß die Schrecken der Gefahr durch die Unbequemlichkeiten und diese durch ihre Unaufhörlichkeit überwunden werden. Die anfangs starke Aufregung macht einer fast unwiderstehlichen Müdigkeit Platz, welcher bei der Unmöglichkeit des Schlafes unerschütterliche Ruhe und schneidendes Denken folgt. Ein Paar vorübertreibende Schiffsplanken gaben den Gedanken eine bestimmte Richtung; die Vergangenheit zog in langen Reihen vorüber, und ich bin selten vorher so aufrichtig und so streng gegen mich selbst gewesen. Am Ende jenes Zuges stand die Frage: hast du auch Recht gethan, zu gehen? Ich habe mit kritischer Schärfe erwogen und mit „Ja" entschieden, das beste Zeugniß für meinen Entschluß. Und die Motive? Bah, die mich angehen, will ich nicht herzählen, und die Deutschland angehen, darf ich nicht sagen. Darf ich nicht sagen!

Der Sturm war vorüber und bald vergessen. Wir passirten Finisterre, Portugal, die Einfahrt in das mittelländische Meer, die Nordwestspitze von Afrika, und gelangten gegen Weihnachten auf die Höhe von Madeira — von welchem Allem wir nichts sahen. Weihnachten und Neujahr feierten wir unter dem freundlichsten, mildesten Himmel, bei einem stetigen, straffen Passate. Wir mußten die Tuchkleider mit linnenen oder baumwollenen vertauschen und fühlten uns äußerst behaglich — wenn wir nicht hungrig oder durstig waren oder nicht zu essen und zu trinken brauchten. Denn die frühere bescheidene Mannigfaltigkeit der Gerichte nahm auf schreckenerregende Weise ab und wurde bis zum Einerlei von gekochtem Schinken und Rauchfleisch und Rauchfleisch und gekochtem Schinken reduzirt. Das Wasser war faul, infolgedessen Kaffee und Thee von dem abscheulichsten Geschmacke. Anfangs ward es mit Schauder und Ekel zurückgewiesen, dann gescholten, dann bewitzelt, belacht — und endlich getrunken. Ein Pferd, ein Hund wäre sicherlich dabei zu Grunde gegangen, wir Menschen ertrugen es und fanden es zuletzt ganz leidlich, wenn es nur faul und nicht auch mit einem ihm vom Fasse mitgetheilten Nebengeschmacke behaftet war. Zwischen Haiti und Kuba fing auch das Rauchfleisch an zu riechen — und wurde doch gegessen. Der in Ryde für die Kajüte eingenommene weiße Zwieback war hart wie Stein und mußte immer in Kaffee oder Thee eingeweicht werden, wodurch er die Zähigkeit des Leders erhielt. Mehrere andre und ich haben sich an diesem Zwieback in Wirklichkeit Zähne ausgebissen. Die Sterage- und Deckpassagiere erhielten die letzten drei Wochen je fünfmal Erbsen, einmal Bohnen und einmal Graupen. Die einzige Abwechselung war die, daß es den ersten Tag gelbe, den zweiten grüne und den dritten schwarze Erbsen gab, dann fing es wieder mit gelben an — freilich wurden sie einen Tag wie alle zubereitet. Bei dieser Beköstigung sind natürlich bei weitem die Mehrzahl sehr geschwächt worden. Die Wangen sind eingefallen, Arme und Schenkel dünn, daß die Kleider schlottern."

Auf dem Schiffe war, wie er erzählt, unter den Vereinspassagieren viel Gesindel, anerkannte Spitzbuben und Betrüger. Sörgel fährt dann fort:

Houston, den 4. Februar 1846.

Das Vorstehende datirte ich von Galveston, weil ich, während ich schrieb, diese Stadt vor Augen hatte und in einigen Stunden hineinzugelangen hoffte. Der Wind aber beschloß es anders, er blies gerade aus dem Hafen heraus. Wir kreuzten zwei Tage lang und trafen endlich am 2. d. M. hier ein.

Sie werden sich meines ersten Briefes erinnern, worin ich zu Ihnen aussprach, wie wenig ich vom Vereine zum Schutze für deutsche Einwanderer in Texas erwartete, wie wenig er von seinen aus gutem, kindlichem Herzen gegebenen Versprechungen zu halten im Stande ist. Der Inhalt seiner „gesammelten Aktenstücke" erscheint hier, auf dem Boden der nackten Wirklichkeit, mehr als ein Märchen aus tausend und einer Nacht, denn als eine öffentliche, feierliche Erklärung von Männern.

Von den von Deutschland aus expedirten 2500 Passagiren sind cirka 2300 in Galveston gelandet, und von diesen sind 50 Männer bis in die Kolonie vorgeschoben; die übrigen liegen in Indianpoint, einem ganz kleinen Orte an der Labaccabai, theils im Freien, theils unter Zelten, theils in Galveston in drei großen Bretterbuden, die ihnen aufgeschlagen sind. Dort warten sie — auf gute Wege, wie der Kommissionär des Vereins, Herr Konsul Kläner in Galveston, erklärte — weitere Auskunft sei er zu geben nicht befugt. Ein anderer Repräsentant des Vereins befand sich nicht in Galveston. Leute, die beträchtliche oder kleine Einzahlungen gemacht haben und der Uebereinkunft gemäß dieselben beliebig zurückerhalten sollen, trugen beim Konsul Kläner darauf an, erhielten aber zur Antwort: das Geld werde in Neubraunfels ausgezahlt, und zwar, wie er ausdrücklich sagte, vom Herrn v. Meusebach, dem Kolonialdirektor. Nun ist aber der früher eingesetzte Kolonialrath auseinander gegangen, und die unermeßlichen Geschäfte ruhen einzig auf Herrn v. Meusebach. Herr v. Meusebach befindet sich aber gegenwärtig weder in der Kolonie, noch in Galveston, sondern ist den Tag vor dem Einlaufen unseres Schiffes, das ihm schon signalisirt sein mußte, nach New-Orleans gereist. Bis er zurückkommt ist Niemand im Lande, durch den der Verein repräsentirt wird. Nun soll zwar Herr v. Meusebach sehr thätig und für das Wohl seiner 2500 Befohlenen sehr eifrig bemüht sein, er ist aber natürlich nicht im Stande, die Natur der Verhältnisse umzuändern. Er kann die bis vor 8 Tagen allerdings schlechten Wege nicht verbessern — freilich hätte der Verein bedenken sollen, daß sich der weiche Prairieboden während des Winters nicht mit großen Menschenmassen und ungeheuren Lasten von Gütern und Lebensmitteln passiren läßt. Er kann ferner die theils zum Transport, theils zur Bebauung des Landes nöthigen 300 Zugochsen nicht aus den Rippen des Vereins schneiden. Es konnte und mußte freilich der Verein voraus berechnen, daß eine solche Menge bei allem Viehreichthum des Landes nicht aufzutreiben und auf einen Ort zu konzentriren sei. Er kann allerdings nicht die unumgänglich nöthigen 2000 Milchkühe aus der Erde zaubern; aber der Verein mußte wissen, daß es unmöglich sei, dieselben, wenn auch anzukaufen, doch nicht aus allen Theilen des Landes in einen entlegenen Winkel durch unwegsame Gegenden über viele Bäche und Flüsse zu versetzen. Er mußte ebenfalls berechnen, daß er dasselbe auch nicht mit dem versprochenen Ackergeräth und Lebensmitteln thun könnte. Herr v. Meusebach kann nicht mit einem Federstrich die feindlich und diebisch gesinnten Indianer vernichten. Der Verein schweigt in seinen Schriften über die Indianer ganz; hat er nicht daran gedacht? oder hat er geglaubt, sie seien friedlich? Die Comanches friedlich? Jeder Eingeborene würde ihn vom Gegentheil unterrichtet haben. Und, wenn er es geglaubt hat, wird er durch die Nachricht enttäuscht worden sein von dem Tode seiner Beamten, des Majors v. Wrede aus Hannover und des Lieutenants Klaren. Wird er nun sich für verpflichtet halten, öffentlich zu erklären, daß, wenn die Indianer seine Beamten noch 20 Meilen diesseits seiner Kolonie erschlagen, sie um so mehr in der Kolonie selbst zu fürchten sind? Wird er bekannt machen, daß Neubraunfels, von wo aus die vorjährigen günstigen Berichte lauteten, gar nicht im Kolonialgebiet, sondern weit südlich liegt? Wird er endlich bekannt machen, daß dies Jahr bis jetzt nur 50 Männer, mit Zurücklassung aller Weiber und Kinder, in die Kolonie vorgedrungen sind, und daß deren Schicksal keineswegs mit Bestimmtheit vorher zu sagen ist? Wir erklären, daß wenn überhaupt noch in diesem Jahre von den 2500 Unglücklichen Wenige oder Viele in die Kolonie geschafft werden können, von einer Ernte wenig oder nichts zu erwarten ist. Wird er endlich, von der Noth gedrängt, den Muth haben, seine Irrthümer und geringe Voraussicht einzugestehen?

Der Verein hatte die Bedingung aufgestellt, daß man 300 oder 600 Gulden einzahlen müsse. Davon ist er abgestanden, weil sich zu wenige meldeten, die diese Bedingung erfüllen mochten oder konnten. Nun liegen ihm hier in Texas Tausende zur Last, die theils nur ihr Ueberfahrtsgeld, theils nicht einmal dieses bestreiten konnten. Alle diese zehren vorläufig in Galveston oder an der Labaccabai auf Kosten des Vereins. Die in Galveston seit 2, 3, 4 bis 6 Wochen Lagernden erklären sich zufrieden mit der ihnen verabreichten Beköstigung. Ich weiß nicht zu sagen, wie es in der Labaccabai aussieht. Aber was soll aus ihnen werden. Der Verein hat bestimmt versprochen, ihnen in der Kolonie eine Zukunft zu bereiten. Er verwahrt sich zwar gegen die Beschuldigung, Jemand zur Auswanderung verlocken zu wollen, aber in demselben Athemzuge macht er so verführerische Versprechungen, malt so zauberische Bilder, daß sich Tausende selbst verlockt haben. Hat er diese nicht auf seinem Gewissen, trotz seiner Verwahrung? Also Hülfe, schnelle energische Hülfe!

Wer irgend Mittel hatte, sich ohne den Verein fortzuhelfen, hat dies versucht und sich von ihm getrennt. Viele derer, welche ihr Geld dem Verein eingezahlt haben, wollen ein Gleiches thun, sobald sie ihr Geld zurückerhalten. Ich selbst hatte nichts eingezahlt und bin jetzt auf der Reise über San Felipe und Columbus nach Neubraunfels, um das Land kennen zu lernen und eine Stelle zu kaufen. Dann werde ich über die vom Verein gegründeten Städte Leiningen, Castel und Carlshafen nach Galveston zurückkehren, meine Gefährten von dort abholen und mit ihnen und dem Gepäck in die neue Heimath einziehen. Diese Tour denke ich in ungefähr 3 Wochen zurückgelegt zu haben und werde Ihnen dann fernere Berichte abstatten. Leben Sie wohl!"

Der vierte Brief ist aus der eigenen Farm datirt: County fayette, State of Texas, den 6. April 1846. Ein viertägiger ununterbrochener Regen zwang Sörgel und seine Gefährten, die Feldarbeit einzustellen und setzte sie im eigenen Hause gefangen. Dieses Gefängniß sei aber nicht so bequem und wohnlich wie die, welche deutsche Patrioten umschlossen haben (Weidig in Gießen, Professor Jordan u. s. w.).

„Mein Haus hat nicht so dicke, feste Mauern, nicht so fest verschlossene, keinen Zug und Regen einlassende Fenster. Und die Thür ist auch nicht ganz so gut verwahrt. Sie ist nur einfach aus mit der Axt gespaltenen Brettern zusammengesetzt, ohne Schloß, ja ohne Klinke, und wenn der Wind aus Südwest bläst, wird sie von ihm aufgerissen. Als in letzter Nacht ein fester Norder zwischen den Eichen- und Zederstämmen der Hausmauern und durch die klaffenden Dielen, auf denen wir in unsere Decken gehüllt lagen, hindurchblies, den Schlaf verscheuchte und uns vor Frost zittern machte, da dachte ich: wie warm mögen Prutz, Walesrode . . . und wer sonst noch alles in ihren Mauern schlafen? „O, Deutschland heimelte mich da so an, ward mir so theuer, meine Sehnsucht so groß! Es ist doch schön um ein warmes Bett, gut Essen und Trinken, eine väterliche Regierung und einen für unser Seelenheil besorgten Geistlichen! O, Ihr verblendeten Liberalen und Radikalen, kommt nach Texas und Ihr werdet aus allen Euren Himmeln herausfallen. Ihr könnt hier freilich denken was Ihr wollt, glauben was Ihr wollt, reden was Ihr wollt, schreiben was Ihr wollt und auf Eurem Boden thun was Ihr wollt! Freilich, das könnt Ihr alles, aber habt Ihr hier Hoffeste und schön uniformirte Polizeibeamte und glänzende Paraden mit Musik? Und müßt Ihr Euch nicht selbst mit dem Gesetzgeben herumquälen, von dem Ihr doch nichts versteht? Und belohnt und beschließt man Euren Liberalismus hier zuletzt mit dem Hofrathstitel?"

Er schrieb dann mit vielem Humor über das bei den Auswanderern schnell beliebt gewordene Lied von Hoffmann v. Fallersleben „Der Stern von Texas." Hoffmann hatte es im Oktober 1845 befreundeten Mecklenburgern, die in jenen Tagen auswanderten, als Abschiedlied gedichtet. Es lautet:

„Hin nach Texas, hin nach Texas,
Wo der Stern im blauen Felde
Eine neue Welt verkündet,
Jedes Herz für Recht und Freiheit
Und für Wahrheit froh entzündet —
Dahin sehnt mein Herz sich ganz.

Hin nach Texas, hin nach Texas,
Wo der Fluch der Ueberlief'rung
Und der alte Köhlerglaube
Vor der reinen Menschenliebe
Endlich wird zu Asch' und Staube —
Dahin sehnt mein Herz sich ganz.

Hin nach Texas, hin nach Texas,
Wo die Pflugschaar wird das Zeichen
Der Versöhnung und Erhebung,
Daß die Menschheit wieder feiert
Ihren Maitag der Belebung, —
Dahin sehnt mein Herz sich ganz.

Hin nach Texas, hin nach Texas!
Goldner Stern, du bist der Bote
Unsers neuen, schönren Lebens:
Denn was freie Herzen hoffen,
Hofften sie noch nie vergebens.
Sei gegrüßt, Du goldner Stern!"

Sörgel schrieb:

„Wenn Hoffmann Bekanntschaft gemacht hat mit dem texanischen Regen und Nordern, mit dem Schmutz und den Pfützen, mit den anschwellenden Flüssen und Creeks, mit dem Schwimmen durch dieselben und den Nachtlagern in Sümpfen, dann fragt es sich doch: ob sein Herz sich noch dahin sehnt. Und wenn er 500 Eichen umgeschlagen und daraus 3000 Fenzriegel gemacht, diese zusammengetragen und seine 10 Acres befenzt hat, wenn er diese umgepflügt und bepflanzt, wenn er sich Haus und Hof gebaut hat, wenn er seine Pferde und Ochsen eingetrieben, die Kühe gemolken, die Schweine geschlachtet, seinen Mais gemahlen und gebacken hat, und sein Herz sehnt sich noch hierher, dann ist er erprobt, dann ist er ein Texaner, wie er sein muß; dann hat er auch sein Schäfchen im Trocknen; dann ist er ein Mann, „der in seinen eigenen Schuhen steht." Er mag mir aber glauben, daß Eichenumschlagen und Fenzriegelspalten und -tragen keine leichte Arbeit ist. Man bekommt tüchtig Blasen in die Hände, die am zweiten Tage aufspringen und gewaltig schmerzen, in den Armen hat man das Gefühl, als wären sie zerbrochen und die Schenkel glaubt man geborsten. Nur immer weiter, nur nicht zagen und klagen! Die Hände schmerzen: aber die Axt gefaßt! Die Arme brechen: aber darauf geschlagen! Die Schenkel bersten, aber die Eichen auch! Ich beabsichtige wahrhaftig nichts weniger, als Hoffmann unangenehm zu berühren, aber ich möchte bei dieser Gelegenheit diejenigen warnen, hierher zu kommen, welche Deutschland aus gewissen unklaren Ideen verlassen (worunter ich Hoffmann durchaus nicht zähle), und hier gedeckte Tische zu finden hoffen. Wenn man die gesammelten Aktenstücke des Vereins in Mainz hier liest, glaubt man, es sei ein Nachdruck der Grimmschen Kinder- und Hausmärchen. Als ich sie in Deutschland las, hörte ich im Geiste alle meine Mitleser das Liedchen aus dem Fest der Handwerker singen: „was braucht man denn weiter, um glücklich zu sein?" Hier ist die Antwort leicht: es müßte in Wirklichkeit so sein, wie der Verein in seinen Aktenstücken geträumt hat. Es ist aber leider nur ein Traum gewesen! Ich kann mir das Zeugniß geben, ihn nicht ganz so schön mitgeträumt zu haben. Ich bin hergegangen, um zu arbeiten mit Händen und Armen. Ich habe reichlich Arbeit gefunden."

Sörgel erzählt, wie er am 3. Februar 1846 nach zwölfwöchentlicher Seereise in Galveston angekommen, schnell entschlossen sich mit zwei Schiffsgefährten verabredet habe, ohne Zögern über Houston nach Neubraunfels zu wandern. Nach Houston fuhren sie auf dem Dampfbot. Dort kauften sie Pferde und ritten gegen Abend gen Pinapoint ab. In der sumpfigen Houstonprairie sanken die Pferde im Wasser und Koth tief ein.

„Mein Pferd, ein kleiner, vier Fuß hoher Schimmel entwickelte alle Tugenden und Fehler eines eben eingefangenen wilden mexikanischen Pferdes. Es schritt wacker durch den Sumpf, scheute vor keiner Pfütze, dagegen blähte es sich beim Satteln auf und wenn ich in den Steigbügel trat, pflegte der Sattel unter den Bauch des Pferdes zu fallen; dann schlug es vorn und hinten aus, machte mächtige Sätze und wollte davon. Schien ihm der Weg zu lang, dann blieb es plötzlich stehen und warf sich hin — eine besonders unangenehme Angewohnheit bei schmutzigem Wege. Ich hatte vorher noch auf keinem Pferde gesessen, so daß ich meine ganze Reitkunst auf meine eigene Erfahrung aufbauen mußte — es ging aber besser, als ich erwarten konnte und nach kurzer Zeit hatte ich meinem Schimmel diese beiden Untugenden abgewöhnt. Zwei andere aber war ich nicht im Stande zu überwältigen, doch hoffe ich, daß sein jetziger Besitzer glücklicher darin sein wird. Die erste bestand darin, daß er mit den Hinterhufen nach den Füßen des Reiters schlug, was oft sehr große Schmerzen verursachte, und die zweite und schlechteste von allen in seinem ewigen Bestreben, die verlorene Freiheit wieder zu gewinnen. Er erinnerte mich an Deutschland. Ich zog die Zügel fester, gab ihm einen Hieb mit der Gerte und ritt scharfen Galopp, wenn er einen Befreiungsversuch machte. So zügelt und bändigt man Pferde — und Völker.

Erst am sechsten Tage, nachdem sie nur wenige Nächte in Farmen, meistens aber im Freien übernachtet hatten, kamen sie an den Guadalupe und sahen Neubraunfels liegen.

„Zur Linken auf einem sandigen Hügel liegen die Gebäulichkeiten des Vereins, gleich der schützenden Burg über der ängstlichen Stadt. Ein herrlicher, erhabener, erquickender Anblick! Wir hielten unwillkürlich die Pferde an und staunten. Dann ritten wir hinunter nach dem Fluß. O, der Guadalupe! Das Wasser klar wie der Tag, zehn bis zwanzig Fuß hoch über Steine dahinfließend, und Steine und grüne, üppige Pflanzen und Fische und Schildkröten und Schlangen und Alligatoren, alles nicht wie unterm Wasser, wie in grünliche, durchsichtige Luft gehüllt. Schön zum Entzücken! Und die Bäume und die Felsen, wie hängen sie malerisch über den Fluß und kühlen ihre Füße im herrlichen Bade. Es giebt keinen schöneren Fluß außer dem Guadalupe! Wer möchte die trüben und schlammigen Gewässer des Rheins noch schön finden, der den Guadalupe gesehen? Hier sind die Märchen von der Wasserfee leicht zu erfinden, von den krystallenen Palästen, auf gläsernen Felsen ruhend."

Schon am folgenden Tage verließ Sörgel mit einem seiner Gefährten Neubraunfels und ging nach der deutschen Niederlassung am Caminscreek, wo mehrere hundert Deutsche wohnen. Er fand dort Gelegenheit, hundert Acker Land von einem Amerikaner, einschließlich eines kleinen Häuschens, für 200 Dollars zu kaufen und ritt zurück nach Houston und Galveston, die anderen Gefährten und einen Teil der Sachen zu holen.

Er schloß den Brief:

„Heute befinde ich mich, ziemlich Ende Aprils, sechs Wochen auf meinem Eigenthum in voller und schwerer Arbeit, nur unterbrochen durch häufiges Regenwetter. Was wir getrieben, angefangen und vollendet, erzähle ich Ihnen ein ander Mal. Für heute leben Sie wohl!"

Die versprochene Erzählung ist nicht gedruckt. Ob sie an Professor Biedermann abgesandt ist, weiß ich nicht. In den geschriebenen Aufzeichnungen befindet sich der Entwurf eines Briefes Sörgels an seinen Bruder in Eisleben vom 23. März 1846, über dessen Inhalt siehe unter F.

Auch der fünfte und sechste Brief (6. April und 9. Mai 1846) sind im eigenen Hause County fayette geschrieben. Im fünften Brief besprach Sörgel die unerfüllten Versprechungen in den Statuten des Vereins. Er rechnete aus, daß für das Unternehmen mit 6000 Einwanderern mindestens 1 Million Dollars oder 2 ½ Millionen Gulden erforderlich gewesen seien, statt 80000 Dollars oder 200000 Gulden.

„In vier bis sechs Wochen geht von Neubraunfels die erste Expedition nach dem Grant ab. Man gründet am Piedrenales eine neue Stadt, Fredriksbourgh. Dr. Schubert, drei Jahre in Texas, scheint die hinlängliche Erfahrung und Energie zu haben, um diese Expedition zu führen ... Mein kleiner, neuangelegter Garten ist im besten Stande; die mitgebrachten Sämereien sind fast ohne Ausnahme gut aufgegangen. In 14 Tagen bis drei Wochen denke ich ein bis zwei Aecker fertig umfenzt und mit süßen Kartoffeln bepflanzt zu haben. Ist dies geschehen, dann sattle ich mein Pferd und reite nach Neubraunfels, um mich der Expedition an den Piedrenales anzuschließen und Fredriksbourgh mit gründen zu helfen."

Es kam anders. Im sechsten Brief schreibt Sörgel, daß sich in wenigen Tagen die Aussichten für die Zukunft sehr verändert hätten:

„Die Mexikaner sind in das Land gedrungen, haben von zwei Kompagnien Dragoner 15 Mann getödtet, die Uebrigen gefangen genommen, und bedrängen den General der Vereinigten Staaten, Taylor, welcher von seiner Bagage und Kriegskasse abgeschnitten ist. Das Land ist in Alarm, die Milizen werden eingerufen, und Freikorps bilden sich. In Indianpoint sind 250 bis 300 Deutsche, gehörig zum Verein zum Schutze deutscher Einwanderer in Texas, angeworben, und ein Major der Vereinigten-Staaten-Armee, welcher hier durchkam, beabsichtigt, das Gouvernement zu bestimmen, noch 1000 Deutsche mehr von jener Bucht und Stadt für den Krieg anzuwerben. Der Verein hat seine neun Kanonen, über die immer so viel gelacht worden ist, der Regierung angeboten, und so könnten die Donquixoterien eines vagabondirenden Prinzen doch vielleicht noch zum Vortheile der Freiheit ausfallen."

Sörgel hatte sich mit dem Umfenzen und dem Pflanzen von Kartoffeln etwas zu lange beschäftigt, so daß er zur ersten Expedition von Neubraunfels nach dem projektirten Fredriksbourgh nicht zu rechter Zeit kommen konnte. Von Neubraunfels schickte man auf ein Schreiben des Gouverneurs wegen des Krieges mit Mexiko fünfzehn Mann Vereinssoldaten nach. Diese sollten die Expedition verstärken, falls sie sich entschlösse, vorzurücken und nicht umzukehren. Sörgel klagt, daß Meusebach immer nur kleine Summen erhielte, mit denen er nicht gründlich helfen könne.

„So kleine Summen verschwinden in Dunst, wie ein Tropfen auf einem heißen Stein — ohne zu löschen. Sie fristen das Leben nur, um langsamer zu sterben, um die Schrecken des Todes länger vor Augen zu haben. Was helfen Eure verdammten sentimentalen Redensarten? Verkauft Eure alten Familiensitze und schickt Geld her! Ihr seid schuldig!"

Aus einem späteren Briefe Sörgels geht hervor, daß die Expedition des Dr. Schubert nach dem Grant auf halbem Wege aus Furcht vor den Indianern aufgegeben wurde.

F. Sörgel führt seine Genossen von Houston nach der ersten Ansiedelung. — Harte Arbeit.

Auf dem erworbenen Besitz am Caminscreek von 100 Acker Land (150 Morgen) begann die gemeinschaftliche Arbeit der sechs „jungen thatkräftigen Männer." Einer der fünf Genossen (Klähn) war dort zurückgeblieben, die Uebrigen holte Sörgel von Houston. Er belud sein Pferd mit den unentbehrlichsten Sachen, so daß er gleich den vier Andern zu Fuß gehen mußte. Ein gedruckter Bericht über diese Reise ist nicht vorhanden, Sörgel schildert die Leiden und Freuden des mühseligen, fünf Tage dauernden Marsches in einem Briefe an seinen Bruder Otto in Eisleben am 28. März 1846 mit gutem Humor, nachdem er sich wieder acht Tage auf seinem Lande befand.

„Von Houston aus kommt man gleich auf eine sumpfige Prärie von 18 Meilen Länge. Hier sinkt man oft bis an die Knie und wenn man sich bemüht, den einen Fuß herauszuziehen, rennt man den andern nur umso fester. Ich mußte immer die Fußspitzen nach oben halten, damit ich meine Stiefel nicht stecken ließ; war aber immer der Vorderste, theils weil ich an dergleichen Strapazen schon etwas gewöhnt war, theils um die Andern zu ermuntern und anzufeuern. Wenn die Andern rath- und trostlos vor einem Tümpel standen und sich nach allen Seiten nach besserem Weg umsahen, war ich immer schon mitten drin, das Pferd an einem Stricke nachziehend. Dieses letztere war keine geringe Arbeit, denn das Pferd wußte sehr gut, daß, wenn ich vorausging, ich ihm nichts anhaben konnte und ging deshalb so langsam als möglich. Die Andern halfen mir auch wenig treiben, weil jeder mit seinem Pack auf dem Rücken immer glaubte, der Weg rechts oder links wäre besser! Es war aber alles eins."

Große Noth machte ihnen am ersten Tage ein Pferd, das einer der Genossen, Julius Preßler, von einem Neger gegen eine Guitarre eingetauscht hatte. Der Neger verstand die Guitarre nicht zu behandeln. Er hob sie in die Höhe und machte ein ganz verblüfftes Gesicht, als sie keine Töne von sich gab; seine umherstehenden Verwandten lachten ihn aus. Das Pferd, Guitarre genannt, litt nicht Reiter, nicht Gepäck und lief auf der Wanderung im Walde mehrmals fort, zuletzt mit Gurt und Zaum, um nicht wiederzukehren. Man übernachtete trotz des Regens meist im Freien, lebte mittags und abends von Kaffee, Speck, Mais und erlegten Tauben und Schwarzvögeln. Die dritte Nacht brachten sie in einem Gasthaus, Pincepoint, zu.

„Wir setzten uns recht behaglich um das Feuer, zogen die Stiefeln aus, andere Strümpfe an und wärmten die Füße und matten Glieder. Ein Kaminfeuer hat ganz was außerordentlich anziehendes und wohlthätiges, was mir an jenem Tage wieder recht klar wurde. Als wir zum Abendessen gerufen wurden und Speck und Eier aßen, durchströmte unsern Körper ein belebender Balsam, und ich glaube, daß Niemand einer Suppe besser zugesetzt hat, als wir. Maiskuchen, gebratenes Fleisch und Speck, Spiegeleier und Törtchen von süßen Kartoffeln bedeckten den Tisch und waren in Gesellschaft von Kaffee und Gurkensaft, den man zu Maiskuchen und den Kartoffeltörtchen ißt, bald verschwunden. Wir wärmten uns noch einmal tüchtig durch und gingen dann zu Bett, je zwei und zwei in einem schlafend. Wir schliefen süßer als je vorher und standen mit der Sonne auf. 5 Pitt (8 Pitt — 1 Dollar) fand ich sehr billig."

In der folgenden Nacht blieben sie in dem Gasthaus eines Schweizers oberhalb San Felipe, nachdem sie den Fluß Brazos auf einer Fähre überschritten hatten:

„Seine Betten waren besetzt und wir mußten unter seiner Veranda schlafen, nachdem wir ein herzhaftes Abendbrod eingenommen hatten. Alle Andern fanden das Lager etwas hart, mir aber war es ganz behaglich, da mich die erste Reise sehr abgehärtet hatte und mir überhaupt der Umstand sehr über die Misere weghilft, daß ich alles nehme, wie es ist und nicht wie es sein könnte."

Noch einmal übernachteten sie im Freien, dann am Sonntag gegen Abend kamen sie auf eigenem Grund und Boden an.

„Klähn war ausgeritten und der Vorbesitzer Mac Millin wohnte noch in dem Hause. Wir schlugen also unser Zelt daneben auf und schliefen gut nach einem bescheidenen Abendbrote. Am Montag streifte ich über das Land, um den Fleck auszusuchen, wo wir unsern Garten anlegen wollten und fand ihn dicht neben einer Quelle, wo unser Vorgänger schon einen Vorhau angefangen und mehrere Bäume niedergehauen hatte. Wir gingen sogleich an die Arbeit, machten Stiele an die Spaten und fingen an zu graben. Karl und ich nahmen die Axt und fällten die schlechten Bäume vollends nieder, theils um Raum im Garten, theils um Holz zum Verhau gegen Pferde, Ochsen und Schweine zu bekommen. Wir schlugen einen um den andern elf Bäume nieder, was mit einer deutschen Axt allerdings unmöglich gewesen wäre. Abends beim Dunkelwerden zog der Vorbesitzer mit seiner Familie aus und wir zogen beim Schein eines Kaminfeuers ein. Das Haus ist aus Baumstämmen einfach zusammengesetzt (die Lücken sind mit gespaltenen Brettern verkleidet) und hat nur ein Zimmer, 15 Fuß lang und breit. Die Höhe ist verschieden, da die Decke durch das Dach gebildet wird, das mit Schindeln gedeckt ist. Da wir natürlich gar keine Meubles haben, nehmen wir auf den von gespaltenen Cedern gehauenen Dielen Platz, hüllen uns in die Decken und drehen uns auf die andere Seite, wenn die eine auf dem harten Holze lahm gelegen ist. Ich lege mich immer auf die blinde Seite, den Rücken, da dieselbe dem Holze die wenigsten Ecken darbietet, und schlafe so ganz bequem. Am Dienstag setzten wir unsere Arbeit fort, doch ging das Graben sehr langsam, weil der Boden mit einer Masse Wurzeln von eben abgehauenem Gebüsch fast durchwachsen ist."

Von dem abziehenden Vorbesitzer und von Grenznachbaren wurden ein Hahn mit einem Dutzend Hühner, ein Puterpaar, Maiskorn, Aexte u. s. w. gekauft. Am Mittwoch Abend ging Sörgel nach Nassau, der angrenzenden, eine Meile entfernten Besitzung des Vereins, weil Meusebach dort eingetroffen war. Diesen Besuch wiederholte er während der folgenden Tage mehrmals. Auf der Farm grub und säete man fleißig bei „leckerem Mittagsmahl": Hasenbraten und Maisbrod. Am Sonntag Nachmittag wurde der Brief geschrieben.

„Nach Tische oder vielmehr nicht nach Tische, denn wir haben keinen, suchte ich meine Brieftasche, legte meine Decke auf den Fußboden als Stuhl, nahm eine Diele auf, legte sie auf ein paar Steine und setzte mich daran, um diesen Brief zu schreiben. So sitze ich denn, mit einer Puterfeder schreibend, vor mir die Stubenwände, zur rechten Seite die offene Stubenthür, zu der eben der Hahn hereinkommt und rings umher unsere Sachen zerstreut liegen. Das Kaminfeuer flackert und knistert, der Wind, eben noch Südwind mit starkem Regen, der durch das Dach und die Südseite eingedrungen ist, setzt in einen Norder um und wird kalt. Die Hühner gackern, der Hahn kräht und die Küchen, die ich durch die Dielenritze neben mir um die Klucke herumlaufen sehe, pipsen. Zwei Klucken sitzen noch und versprechen uns noch 12 bis 18 Küchen, so daß wir im ganzen Jahre Eier die Fülle haben werden. Schäfer sitzt auf seiner Decke mir gegenüber und liest, Kannegießer steht am Feuer und schürt es, damit er Kohlen zum Abend für den Maiskuchen bekommt; Julius ist draußen und pflanzt einige eben gefundene Kürbiskerne auf gut Glück ins Gebüsch und Karl ist auf der Jagd. Der arme Kerl muß bis auf die Haut durchnäßt sein, denn es hat gewaltig geregnet. Wenn ich jetzt geschlossen habe, gehe ich hinaus und binde das Pferd an eine andere Stelle zum Grasen, esse Abendbrod, wenn es fertig ist und lege mich auf die harten Dielen schlafen, wie die Abende zuvor und mehrere nachher, denn wir haben Regen gehabt, so daß wir noch kein trocken Moos einholen konnten. Der Regen soll unsern Sämereien recht förderlich sein und einige Körner, gestern gesäet, sind heute schon aufgesprungen. Es geht hier alles schnell.

4 Wochen später. Schicke Ernst, wenn Du irgend kannst, Abschriften von allen meinen Briefen, weil jeder etwas anderes enthält, für ihn Interessantes. Schreibe ihm: er soll nur kommen und soviel Geld mitbringen, als er irgend auftreiben kann, er soll aber keine Zeit verlieren!"

Ernst Sörgel folgte bald dem Drängen seines Vetters Alwin. Er hat diesem später die erste Ansiedelung am Caminscreek abgekauft. Sörgels fünf Genossen auf der Besitzung sind jedenfalls die „jungen, thatkräftigen Männer," die nach dem Briefentwurf vom 14. November 1845 (oben Blatt 51) in Gemeinschaft mit Sörgel in Texas eine „soziale Reformgemeinde" mit Kommunismus, aber „ohne Uniformirung des Individuums" bilden und nach außen und innen vergrößern und befestigen wollten. Sie hießen Julius (Preßler), Klähn, Schäfer, Kannegießer und Karl(?). Außer ihren Namen erfährt man aus dem Briefe von ihnen nur, daß sie zur

Kultivirung der kleinen Besitzung (150 Morgen) fleißig arbeiteten. Ackerbau und Viehzucht auf einem so kleinen Fleck Landes, der zum großen Theil Weideland (Prärie) bleiben mußte, konnten so viele Arbeitskräfte nicht lange beschäftigen. Bestand unter ihnen, während sie fenzten und gruben und säeten noch der soziale Reformplan fort? oder war er schon aufgegeben? — Für die letztere Annahme scheint zu sprechen, daß Sörgel die Besitzung in den Briefen stets als sein Eigenthum bezeichnet. Nach dem Brief vom 6. April 1846 hoffte er schon gegen Ende des Monats 1 bis 2 Acker eingefenzt und bepflanzt zu haben und dann noch vier bis sechs Wochen, also etwa bis Mitte Juli von der Expedition zur Gründung von Fredriksbourgh zurück zu sein. Als der Krieg ihn an der Ausführung des Planes hinderte, kehrte er dann nach seiner Ansiedlung zurück oder blieb er längere Zeit in Neubraunfels bei v. Meusebach? Mit diesem scheint er schon bei ihrer ersten Begegnung auf der Ansiedlung Nassau enge Freundschaft geschlossen zu haben. Er betont in den Briefen wiederholt, daß sie in ihren politischen und religiösen Ueberzeugungen übereinstimmten und vertheidigt ihn gegen die schmählichen Ränke seiner Widersacher und Feinde. Meusebach war der Freundschaft Sörgels würdig. Friedrich Kapp, der ihn 1852 in Neubraunfels besucht hat, beklagte (1855), daß dieser bedeutende Mann, der zum Wohle des Ganzen in einem freien und einigen Deutschland eine hohe und einflußreiche Stellung einnehmen würde, an den Grenzen der Zivilisation einen Kramladen halte und Tauschhandel mit den Indianern treibe (a. a. O. S. 265). Er sagt von ihm:

„Der im Mai 1845 als Nachfolger des Prinzen eintreffende Generalkommissar, Otfried Freiherr v. Meusebach, geboren 1812, war ein Mann von schwererem Kaliber und ist von allen bei dem Unternehmen betheiligten Persönlichkeiten die geistig bedeutendste und praktisch tüchtigste. Durch Geburt und seitherige Laufbahn den Kreisen des höheren preußischen Beamtenthums angehörend — sein Vater war der hochverdiente Jurist, Präsident v. Meusebach, er selbst aber war zuletzt Regierungsassessor in Potsdam — bewährte sich Meusebach in jeder Lage als ein Mann von unbeugsamer Willenskraft, unbegrenztem Muthe, zäher Ausdauer, imponirender Ruhe und bewunderungswürdiger Geschäftsumsicht. Klar in seinem Urtheil, aber wortkarg in seinen Aeußerungen, stets den Nagel auf den Kopf treffend, schnell von Entschluß und kühn, ja verwegen in dessen Ausführung, war er ein Meister in der Kunst, die Schwächen und Leidenschaften Anderer zu erspähen, den Charakter seiner Untergebenen zu erkennen, jede Kraft in seinem Interesse auszunutzen und Gegner oder Neider in Freunde oder Lobredner zu verwandeln. Dabei zeigte dieser gewandte Geschäftsmann selbst unter den größten Schwierigkeiten eine Selbstverleugnung und Geistesgegenwart, welche ihn den Diplomaten ersten Ranges an die Seite stellt . . . .

Selbst die lautesten Schreier wagten nicht, ihm offen zu widersprechen, sie gehorchten ihm, wenn auch widerwillig. Er wußte sich Achtung und Gehorsam zu verschaffen, weil selbst der roheste Mensch einen angeborenen Respekt vor Kraft, Muth und Klugheit hat; aber er vermochte trotz seines Pflichteifers, seiner Redlichkeit und Hingebung an sein Amt keine Begeisterung für seine Person zu erwecken und mußte es sich gefallen lassen, als Verderber einer längst verdorbenen Sache angefeindet zu werden. Als einst die drohenden Gläubiger des Vereins Meusebach mit dem Revolver ins Zimmer rückten und ihn zu erschießen drohten, wenn er nicht zahle, brachte er sie, statt erschossen zu werden, durch Höflichkeit, Beredsamkeit und ein gutes Frühstück dahin, daß sie ihm noch ein ansehnliches neues Darlehen machten. Bei seinem ersten Besuche des San Saba, der bisher aus Furcht vor den Indianern noch nicht berührt worden war, forderte der Häuptling von etwa 200, mit guten Büchsen bewaffneten Comanches Meusebach auf, zum Beweise seiner friedlichen Absichten sein und der Seinigen Gewehre abzufeuern. Es handelte sich um unbedingte Einwilligung oder um einen Kampf auf Leben und Tod. Meusebach bedachte sich keinen Augenblick, schoß mit seinem Gewehr in die Luft und seine dreißig Gefährten folgten seinem Beispiel. Dasselbe thaten jetzt auch die Comanches, und die Freundschaft war besiegelt. Uebrigens fand Meusebachs Charakter bei den Amerikanern viel eher und bereitwilliger Anerkennung, als bei seinen Landsleuten, welche sich vielfach von abgefeimten Drahtziehern, wie dem gewissenlosen Fisher, gegen ihn aufhetzen ließen und am Sylvestertage des Jahres 1846 den „Menschenschinder" aus der Sophienburg herausholen und hängen wollten. Später, als die äußerste Noth vorbei und die Leidenschaft verraucht war, scheinen sie ihr Unrecht gegen ihn eingesehen zu haben, indem sie ihn 1852 zum Senator des Staates Texas wählen halfen."

G. Im Mormonenlager.

(7. Brief, datirt Galveston, 3. August 1846.)

Vor 14 Tagen saß ich in Neubraunfels auf der Schwelle des Hauses und schaute auf die Stadt, die Berge und Wälder — und dachte Nichts. In diesem bei der Wärme des Tages so natürlichen Geschäfte unterbrach mich ein heraufsteigender greiser, doch kräftiger Mann, dessen Schuhe unverkennbare Spuren des Wanderns trugen. Das Zufußgehen ist hier nur bei eben ankommenden Deutschen gewöhnlich und fällt bei Amerikanern auf. Meine Neugier fing an sich zu regen und schöpfte Hoffnung auf Befriedigung, als der Mann mich anredete. Er wünschte Meusebach zu sprechen und, da dieser im Augenblicke beschäftigt war, setzte sich der Wanderer zu mir in den Schatten. Nach der gewöhnlichen Einleitung: warm weather today — yes Sir, indeed, very warm, fragte ich ihn nach dem Zwecke seines Kommens, und er erzählte: er sei ein Mormone, mit seinem unten in der Stadt weilenden Freunde gekommen, um in Neubraunfels zu predigen. Von Meusebach wollte er die Erlaubniß auswirken, dies in dem Meetinghouse, wie er es nannte, d. h. in der Kirche zu thun.

Mormone! Wer hat die Münchhausiade des Herrn Marryat: „Violets Abenteuer in Texas" gelesen und wird nicht von einem geheimen Schauder überrieselt, wenn er so plötzlich ein solches Ungeheuer, einen Mormonen vor sich sieht? Und wer hat die dunklen Berichte deutscher Blätter gelesen, dessen Wißbegier nicht mächtig erwachen sollte, wenn er ungehofft Gelegenheit findet, sie zu befriedigen?

Ich sagte dem Manne, man gebe seiner Sekte Sittenlosigkeit und alle möglichen Schandthaten schuld, es zirkulirten dunkle Gerüchte über ihre Religion, und Jedermann verachte oder hasse sie. Er sagte entgegen: er wisse das; es sei Verfolgung und Anfeindung stets das Loos aufkeimender Wahrheit, und ihnen bleibe nichts übrig, als zu dulden und zu lehren. Darauf entwickelte er die hauptsächlichsten Glaubens- und Lehrsätze des Mormonismus mit Schärfe und Bestimmtheit und fragte mich, ob darin etwas zu finden sei, was der Moral widerspräche?

Aus den Zeitungen kannte ich die Niederlassung einer Gesellschaft Mormonen drei Meilen oberhalb Austin. Das plötzliche Erscheinen zweier Missionäre dieser Gesellschaft ließ mich auf deren Hoffnung und Absicht schließen, in die deutsche Bevölkerung eine Breche zu machen, da ihnen die große Zahl der einwandernden Deutschen von Wichtigkeit erscheinen muß. Theils um dies zu vereiteln, obschon wenig Gefahr vorhanden ist, theils um meine Neugier zu befriedigen, ergriff ich den Augenblick beim Schopf und suchte seine Aufmerksamkeit auf mich zu konzentriren.

Ich hörte mit der größten Aufmerksamkeit, forschte und fragte mit dem größten Eifer und ließ so in ihm die Hoffnung keimen, daß ich wohl der Mann sein könne, den sie suchen gegangen wären. Das gelang mir auch vollkommen. Am Nachmittag kamen Beide, knüpften das abgebrochene Gespräch wieder an, lobten ihren Glauben als den besten, wie alle Geistliche, und hoben die unberechenbaren Vorteile desselben hervor. Ich war so jesuitisch, nicht zu sagen, daß ich keinen Bedarf am Glauben hätte, sondern bestärkte sie in dem Glauben, daß ich mich in dem Stadium innerlicher Arbeit befände. Dies veranlaßte sie, mir „the book of Mormon, translated by Joseph Smith jun.; third edition, carefully revised by the translator.“ Nauvod, Illinois 1840, zum Gebrauch auf die Dauer ihres Verweilens anzuvertrauen.

Meusebach konnte ihnen die Kirche nicht bewilligen, da sie der Gemeinde Neubraunfels zum Gebrauch übergeben war, der Pastor Ersenberg konnte es nicht, ohne vielleicht bei der Gemeinde anzustoßen, und die Gemeinde endlich konnte wegen der Kürze der Zeit nicht gefragt werden. Da die Missionäre nun auch kein Privathaus erhalten konnten, sahen sie sich genöthigt, ihre gottwohlgefälligen Versuche unter freiem Himmel zu machen. Unter einer Gruppe von Bäumen waren 30 bis 40 Deutsche und die wenigen in Neubraunfels wohnenden Amerikaner versammelt, sitzend, liegend, stehend. In der Mitte stand der ältere Missionär, sein Gefährte saß ihm zur Seite auf der Erde. Er entwickelte seinen Glauben und ermahnte, zu ihm zu kommen, zu bereuen, zu glauben und so selig zu werden. Seine Rede hatte aber natürlich wenig Effekt, da sein Englisch — deutsch verstanden sie nicht zu sprechen — von bei Weitem den Meisten nicht verstanden wurde. Er setzte sich und sein Gefährte stand auf. Er sagte, er befände sich in einer eigenthümlichen Lage: er wolle seinen Zuhörern die Wahrheit und das Heil predigen, und sie verständen seine Sprache nicht. Er hoffte aber, daß sie ihn in einigen Jahren verstehen könnten, dann würde er wiederkehren; verständen sie ihn dann noch nicht — dann müsse es ein anderer übernehmen — er blickte auf mich. Er sagte ferner in fließender, angenehmer Sprache: Es könne nur eine Wahrheit geben — und es wäre die, für welche sie kämpften u. s. w. Was soll ich Ihnen viel Worte machen? er sagte, wie alle Missionäre: hier sitzen die Musikanten! Glaube und du wirst selig — glaube nicht und du wirst verdammt! Er sprach gerade so gut als irgend einer, der seine Waren oder seinen Glauben anpreist; ja, Herr Joseph Smith jr., sein Prophet war so klug, seine Wechsel auf diese unsere sichtbare, greifbare Welt zu ziehen und sie nur mit einer Nothadresse auf jene künftige, ewige zu versehen. Daher kommt es, daß seine Papiere unter den kalkulirenden Amerikanern so viel Nehmer fanden und, trotz aller Gegenminen und des stetigen Sinkens aller anderen Glaubensaktien, einen steigenden Kurs behaupten.

Nach Beendigung der Rede zerstreuten sich die Zuhörer, ein Amerikaner lud die Missionäre zum Abendessen ein und ich stellte mich zu ihnen und lobte ihre Suade. Ja, ich war so intrigant, ihnen zu versichern, daß ihre Reden von einigem Erfolg gewesen wären, wenn sie deutsch gesprochen hätten, und sie waren so eitel und verblendet, es zu glauben. Ich aber hatte den Vortheil, daß sie mir das book of Mormon schenkten. Mit inniger und — unter vier Augen sei es gesagt — mit diabolischer Freude steckte ich meinen Schatz in die Tasche, mit der Absicht, mein bis dahin erfolgreiches Forschen fortzusetzen. Ich versprach, sie in ihrem Settlement zu besuchen und verschwieg Nichts, was in ihren Augen die Wichtigkeit meiner

Person erhöhen konnte. Sie waren sichtlich erfreut über mein Versprechen und verließen Neubraunfels nicht ohne eine Befriedigung über den anscheinenden Erfolg ihrer Sendung.

Ein paar Tage darauf durchritt ich gegen 4 Uhr nachmittags den Guadalupe und schlug die Straße nach Austin ein. In Neubraunfels, wo der Tod Wredes und Klarens noch frisch im Gedächtniß ist, hielt man es für ein Wagestück, daß ich allein, nur mit einer Büchse bewaffnet, ritt, und sagte mir Adieu wie einem, der wahrscheinlich nicht wiederkehrt. Ich wußte aber, daß zwanzig Meilen von Neubraunfels eine Compagnie Ranger am Uebergang über den San Marcks River kampirte, bis zu welchen ich zu reiten und wo ich zu übernachten gedachte. Die Sonne brannte stark und mein Pferd war faul, so daß ich eine Stunde nach Sonnenuntergang vor Müdigkeit nicht weiter konnte, ohne den Fluß erreicht zu haben. Ich suchte eine versteckte Stelle, sattelte ab, band mein Pferd an einen Baum und legte mich schlafen. Bei Tagesanbruch erwachte ich und fand zu meiner Freude, daß ich nicht skalpirt war. Nach kurzer Zeit erreichte ich das Ranger camp, wo mich ein Frühstück zur Weiterreise geschickt machte . . . .

Von Live-oak spring, etwa die Hälfte des Weges bis Austin, ritt ich einsam, ohne einem Menschen oder einem Tiere zu begegnen. Es war sehr warm und ich hatte kein Mittagbrod gehabt, so daß ich ermattet auf dem Pferde zusammengesunken dahinritt. Eine kurz vorher verlassene Indianerhütte erregte meine Aufmerksamkeit etwas, ich sank aber bald in die alte Erschlaffung, weil die Verlassenheit der Hütte Sicherheit zu versprechen schien. Plötzlich hörte ich mir dicht zur Seite in einem Gebüsch die Stimme eines Raben — und, als ich mich umschaute, erblickte ich ein ganzes Nest voll Indianer, die nackt im Schatten der Büsche saßen und mich erschrecken wollten. Ich war aber wirklich zu apathisch, um zu erschrecken und ihnen Gelegenheit zum Lachen zu geben, sondern ritt ruhig meinen Schritt weiter. Eine kurze Zeit darauf begegnete ich noch einigen Indianern, die ich für Delawarer erkannte, ein durchaus friedlicher und etwas zivilisirter Stamm. Die meisten von ihnen sprechen englisch, alle tragen kurze Hemden von blumigem Callicot, Leggins — lange Gamaschen — und Mokasinsschuhe von weichem Hirschleder.

Ein Chaos von Hügeln fängt auf der Höhe von Austin an, sich in Gebirgszügen zu sammeln und gewährt zuweilen ein angenehmes Bild. Am Flusse und in dessen Nachbarschaft sind Baumgruppen und Buschboskets von zauberischer Schönheit; einzelne Partien würden eine Perle in der Krone irgend welchen Parkes sein. Austin selbst liegt zum Teil auf Hügeln, und einzelne Häuser genießen einer reizenden Aussicht. Die Hauptstadt, kühn mitten in die Wildniß geschoben, blühte schnell auf, sank aber zurück, als man die Regierung nach Washington verlegte, und hat seit der Zurückverlegung derselben noch keinen neuen Aufschwung gewinnen können. Mehrere Häuser sind zerfallen und geben dem Ganzen einen melancholischen Anstrich.

Ein drei Meilen langer Weg über hüglige Prärien führt an ein steiles Thal, welches mein Pferd langsam hinabkletterte. Die gegenüberliegenden Berge sind eng geschichtet und verraten nicht, daß sie den Colorado zwischen sich haben. Sie heimelten mich an, indem sie mich lebhaft an den höheren Thüringer Wald erinnerten. Nachdem ich einen kleinen, klaren, über glatte Felsen hinabrieselnden Bach überschritten hatte, befand ich mich plötzlich unter hohen, riesigen Bäumen des Flußbottoms, der einem mächtigen, erhabenen Dome glich. Die bescheidenen Hütten der

Mormonen lehnten sich an die schlanken Säulen der Platanen-, Pekanen- und Cottonsbäume. Die Missionäre hatten von meinem Kommen erzählt, so daß ich wie ein schon Bekannter begrüßt wurde. Man sattelte mein Pferd ab und führte mich in die Hütte eines meiner zwei Bekehrer. Die freundlichste und aufmerksamste Aufnahme ward mir zu Theil. Nachdem ich etwas Brod und Milch gegessen hatte, führte mich mein Freund zu dem Apostel, dem Anführer der Gesellschaft, General Whight.[1]) Derselbe saß in der von ihnen in der kurzen Zeit von zwei Monaten erbauten Mühle mitten unter seinen Genossen und empfing mich mit einer Art Herablassung. Ich schlug dieselbe aber durch Ruhe und Kälte nieder und ward von ihm zum anderen Morgen zu einem big talk (langen Gespräch) in seine Hütte geladen.

Ich wanderte zurück zur Hütte meines Gastfreundes, an der wir uns hinsetzten und mit aller Ernsthaftigkeit über einige Artikel ihres Glaubens redeten.

Die Nacht brach herein und löste unsere Unterhaltung. Mein Bett ward mir im Dunkeln angewiesen. Ich fand es schon von Jemand besetzt, neben dem ich Platz nahm. In dem Bette zu meinen Füßen schliefen einige Kinder und in dem neben mir der Missionär mit seiner Frau. Sie flüsterten bis tief in die Nacht. Dies und eine gewisse Aufregung ließen mich erst spät den Schlaf finden, der bald gestört wurde durch einen heftig hereinbrechenden Regen. Ich wickelte mich tiefer in das Blanket und fand erst gegen Morgen den Schlaf wieder. Als der Tag hereinbrach, fand ich mich zu meinem Erstaunen neben der Tochter des Hauses oder vielmehr der Hütte liegen, die mich ganz naiv und unschuldig anblickte. Sie verließ sehr züchtig das Bett, zündete Feuer an und bereitete das Frühstück. Ich war etwas zerstreut und wußte selbst nicht recht, wie mir zu Muthe war. Die salbungsreiche Rede des Vaters brachte mich freilich bald genug in die Wirklichkeit zurück.

Nach dem Frühstück, welches mit einem Gebet eröffnet wurde, gingen wir zu General Whight. Derselbe saß auf seinem mit einer rothen Decke überhangenen Bett. Die kolossale Gestalt, etwas zusammengesunken, richtete sich bei unserem Kommen in ihrer ganzen Größe auf, seine Stirn warf sich in mystische Falten, und sein Auge schaute durchdringend, forschend, erwartend. Das Auge ist nicht immer der Spiegel der Seele. Zuweilen gleicht es einer Glasscheibe, durch die man hinaus-, aber nicht hineinsehen kann. So war das meine. Ich war ruhig, passiv, aber auf dem qui vive! Der Herr Apostel und General wußte nicht recht, wie er mit mir daran war und wie er die Sache angreifen sollte. Wir sprachen über alle mögliche Dinge, nur nicht über das, weswegen wir zusammengekommen waren. Ich hatte gar keine Eile und wollte ihn jedenfalls kommen lassen. Er kam aber nicht, und wir schieden, ohne ein Wort über meine Bekehrung und seinen Glauben gesprochen zu haben, doch nicht ohne Einladung für den morgenden Sonntag und den abzuhaltenden Meeting. Ich sagte zu und ritt davon.

Am Sonntag Morgen kehrte ich wieder. Die Gemeinde war zahlreich auf einem geebneten viereckigen Platz versammelt, nach drei Seiten von zwei Reihen

---

[1]) Nach Dr. Moritz Busch, „Geschichte der Mormonen, Leipzig 1870“ war General Whight — Busch nennt ihn Lymann-Wight — einer der zwölf Apostel. Er bewarb sich vergebens nach der Ermordung der beiden Smiths, des Propheten Josef und seines Bruders Hyrum um die erledigte erste Stelle unter “den Heiligen vom jüngsten Tage“. Sein kirchlicher Ehrenname war „der wilde Widder vom Gebirge.“ Ende August 1844 wurde er mit anderen Bewerbern exkommunizirt, worauf er eine kleine Mormonenkolonie in Texas gründete.

Bänken eingeschlossen. Auf der vierten lehnte ein erhöhter Sitz mit einem Pult unter und an zwei gigantischen Cottonbäumen — ungefähr wie der Platz für die Musikanten auf einer Dorfkirmes. Es saßen darauf sechs Männer, darunter meine beiden Freunde. Man sang eben, als ich kam, ein andächtiges Lied nach der Melodie eines Lannerschen Walzers. Ein Blick des Missionärs lud mich zum Sitzen ein, und ich nahm Platz auf der Bank der Männer, gegenüber der der Frauen.

Nach einer kurzen Pause trat der Apostel aus seiner Hütte in rothen Schlafschuhen und bloßen Armen, grüßte mich freundlich und vertraulich und bestieg den besagten erhöhten Platz, seine Kanzel. Er gab der Gemeinde eine Skizze über die Vorkommenheiten der letzten Woche, die Geschichte und den Stand der Angelegenheiten der Gesellschaft. Als dies beendet war, las er mit etwas stockender Stimme einen Abschnitt des Buches Nephi aus dem Buche Mormon, den Text seiner Predigt. Es war die Geschichte vom Säemann. Dann sprach er frei darüber, und war seine Stimme und der Fluß seiner Rede anfangs zitternd und unbestimmt, so gewann sie nach und nach an Ruhe und Kraft und strömte zuletzt mit einem vollen, schönen Guß. Im Verlaufe sagte er: „Hier ist a good old book, ein gutes altes Buch, die Bibel, welches dieselbe Erzählung enthält als unser heiliges Buch Mormon" 2c. Er sprach gerade so gut und gerade so klug, als ich je einen anderen Prediger habe sprechen hören, und seine Zuhörer waren gerade so erbaut als irgend eine andere Gemeinde.

Der Meeting war beendet, und man führte mich von einer Hütte zur andern — wie es mir schien, vorzüglich vor denen verweilend, die durch junge, ziemlich hübsche, sonntäglich, fast europäisch gekleidete Mädchen geziert waren. Ich bilde mir ein, daß dies ein Theil ihrer Bekehrungsversuche war. Und sie haben nicht Unrecht. Für einen jungen, liebebedürftigen Hinterwälder mag es ein gefährliches Mittel sein, und sie konnten nicht ahnen, daß ich von dieser Seite unangreifbar, das heißt todt sei.

Kürbis, Fisch, Kaffee und Maisbrod war unser Mittagsbrod, im Schatten der Bäume eingenommen. Nach Beendigung desselben und einer kurzen Siesta ging ich wieder zum Apostel Whight, um die Sache zur Entscheidung zu bringen. Er wollte mich bekehren und ich wollte zu ihren Geheimnissen gelangen, niedergelegt in Unterredungen zwischen Christus und ihren Propheten, Smith und Anderen. Beides war aber nicht zu erreichen, wenn man nicht darüber sprach. Ich eröffnete die Unterhaltung, indem ich sein Rednertalent lobte. Darauf fragte er mich, was ich von dem Inhalte seiner Rede denke. Ich äußerte mich in unbestimmten Ausdrücken, worauf er mir ihr Glaubensbekenntniß erklärte und mich dann ohne weitere Umschweife frug, ob ich zu ihnen übergehen wolle, wenn man mir die Priesterschaft ertheile. Ich entgegnete, daß ich glaube, den Samen der Wahrheit empfangen zu haben, derselbe bedürfe aber einiger Ruhe, um zu keimen und zu sprießen — worauf er äußerte: der Same der Wahrheit müsse durch die Taufe gewässert werden, um Keimkraft zu erhalten — und so focht er von seinem Standpunkte des Glaubens so geschickt und doch zugleich rücksichtsvoll, daß ich, auf diesem Terrain wenig bekannt, mich ziemlich schwach fühlte und es durch einen Gewaltsprung verließ. Ich sagte ihm, ich müsse und wolle Bedenkzeit haben, in welcher ich mich mit ihrem Glauben näher bekannt zu machen gedächte, zu welchem Versuche er mir nach Kräften behilflich sein möchte."

Sörgel erhielt darauf vom Apostel Whight ein zweibändiges Werk, gedruckt 1835 in Kirtland (Ohio), worin die Glaubensartikel der Mormonen und alle erforderlichen Aufklärungen über ihre Kirche enthalten waren.

„Alles was ich wollte. Sobald ich dies Buch in der Tasche hatte, nahm ich Abschied und ritt gen Austin.

Ich hoffe, Ihnen von hier aus oder doch bald eine Skizze vom Mormonismus geben zu können, zu dem mir die Thüren geöffnet sind. So viel kann ich Ihnen schon jetzt sagen, daß der Mormonismus eine der gefährlichsten religiösen Erfindungen ist und daß unter seiner Fahne eine gläubige, fanatische Schaar von einem geschickten Führer zu Allem hingerissen werden kann. Es ist möglich, daß hier in Amerika durch den Mormonismus, die Methodisten und andere Finsterlinge Dinge vorbei reitet und ausgeführt werden, die an die Kreuzzüge, den dreißigjährigen Krieg, die Ketzerverfolgungen in Spanien, die Pariser Bluthochzeit und die sizilianische Vesper heranreichen. Nur deutsche Aufklärung und Philosophie scheint im Stande, dem vorzubeugen und feindliche Kollisionen in friedliche Uebergänge zu wandeln. Amerika scheint der Boden, auf dem deutsche Kritik ins Leben überzugehen berufen ist. Hier findet sie ihre schroffsten Gegensätze, aber auch gleiches Licht und gleiche Waffen und in einer Menge der hier länger lebenden Deutschen eine breite, feste Unterlage. Leben Sie wohl!

Ihr Alwin H. Sörgel.

H. Aus Sörgels Briefen an Professor Biedermann vom Herbst 1846 und Juni 1847. — Sörgel, Beamter des Mainzer Vereins.

Außer dem Brief über den Besuch des Mormonenlagers sind noch drei Briefe von Sörgel aus dem Jahre 1846 abgedruckt (2. Lieferung), alle drei aus Galveston datirt.[1]) Im ersten Brief bespricht er das furchtbare Elend, das über die an der ungesunden Küste lagernden Massen der unter dem Schutze des Mainzer Vereins Eingewanderten ausgebrochen:

„Die an und für sich ungesunde, weil niedrige Küste, der ungewöhnlich häufige Regen, die zum Theil in Folge des Regens verdorbenen Lebensmittel, das oft schlechte Wasser, das enge Zusammenleben von mehreren Tausenden, die eintretende Wärme des Sommers — endlich die lange Unthätigkeit und die in Folge derselben eintretende Erschlaffung, das Saufen und die sonstige liederliche Lebensweise und die Unreinlichkeit thaten mit vereinten und erhöhten Kräften das Ihrige. Fieber aller Art und Ruhr forderten ihre Opfer. Es starben viele in Indianpoint, Viele auf dem Wege nach Neubraunfels und Viele in Neubraunfels, nachdem sie krank angekommen waren. Wie viele? ist auch nicht annähernd richtig zu sagen, weil eine Kontrolle unmöglich ist . . . .“

Sörgels Schilderungen dieser entsetzlichen Zustände sind nicht übertrieben, wie Friedrich Kapps Aufsatz bezeugt. Ein Theil der Ueberlebenden machte sich auf eigene Gefahr auf den Weg nach Neubraunfels und Fredriksbourgh. Viele starben auf der langen Reise, ohne Hilfe, ohne Pflege.

Aus diesem und den weiteren Briefen von 1846, sowie aus den beiden Briefen (3. Lieferung) vom 15. und 30. Juni 1847 will ich nur mittheilen, was sich auf Sörgels persönliche Erlebnisse bezieht. Sörgel

---

[1]) Der 9. Brief ist im Druck vom 9. November, der 10. Brief vom 9. September datirt. Es muß umgekehrt heißen, wie aus dem Inhalt des 9. Briefes hervorgeht.

hatte, wie er am 15. September 1846 schrieb, eine Menge Material zu einer vollständigen Geschichte des Mainzer Vereins gesammelt und beabsichtigte, diese in Kurzem zu schreiben:

„Es ist mir aber durch eine Wendung meiner Privatangelegenheiten für den Augenblick unmöglich geworden; indessen aufgeschoben ist nicht aufgehoben, und ich will die Zwischenzeit benutzen, um einige Lücken zu vervollständigen . . .“

Er scheint vorher weite Reisen gemacht zu haben. Von seiner Reise nach San Antonio und Castroville, wo er mit de Castro den Grundstein zu einer Kolonie von Elsässern und Schweizern legte, kündigt er noch einen kurzen Bericht an. Ein solcher ist aber nicht vorhanden. Welches mochte die Wendung seiner Privatangelegenheiten sein, die ihn hinderte, die vollständige Geschichte des Mainzer Vereins zu schreiben? Hatte er vielleicht jetzt die Vereinigung mit den fünf „thatkräftigen jungen Männern“ aufgehoben? Hatte er seine erste Besitzung am Caminscreek verkauft? — vielleicht an seinen Vetter Ernst, der inzwischen nachgekommen sein konnte? Ueber alle diese Fragen ist aus den Briefen nichts Bestimmtes zu entnehmen. Nur eins erfährt man aus dem Briefe vom 15. Juni 1847, nämlich, daß Sörgel im September 1846 Beamter des Mainzer Vereins geworden war. Einige Wochen zuvor war der Direktor des Mainzer Vereins, Cappes, als außerordentlicher Kommissar nach Texas gekommen und hatte 60000 oder 70000 Dollars mitgebracht. Aber nicht Cappes, sondern Meusebach muß Sörgel angestellt haben. Dieser hatte Meusebach in Galveston, Houston, Indianpoint, Neubraunfels, wie es scheint, den Auswanderern, den Geschäftsleitern und den Behörden gegenüber zu vertreten. Gehalt wird er nicht viel bekommen haben; von seinen mitgebrachten Kapitalien hatte er wohl noch wenig ausgegeben.

Im Mai und Juni 1846 war es Meusebach gelungen, über einen Theil der Schwierigkeiten Herr zu werden. Die Krankheit wich. Der Tod hatte die Masse der Auswanderer reduzirt. Viele hatten sich im Lande zerstreut, um sich selbst zu helfen. Um diese Zeit gelangten die „entsetzlichen Nachrichten“ aus der Kolonie und die „öffentlichen Anklagen gegen die Beamten und Agenten des Vereins“ nach Deutschland. Daraufhin war der Direktor des Verein, Cappes, aus Mainz als außerordentlicher Kommissar nach Texas gesandt worden. Schon in New-Orleans und Galveston sprach Cappes ein Verdammungsurtheil über Meusebach aus. Er verkehrte nur mit erklärten Feinden desselben und hörte auf alle Zwischenträgereien.

„Man erwartete jeden Augenblick, Cappes werde seine Vollmacht aus der Tasche ziehen, Meuselbach absetzen und sich an seinen Platz stellen. Alles schien darauf hinzudeuten.“

Meusebach hatte inzwischen im November und Dezember 1846 mit den Feldmessern der Vereinigten Staaten Verträge zur Vermessung der Grantländereien gemacht.

„In Neubraunfels und Fredriksbourgh waren 20 berittene und bewaffnete Männer, in Indianpoint 30 bewaffnete Fußgänger geworben, den beabsichtigten Zug in den Grant und die zu dortigen Vermessungen verpflichteten Feldmesser zu unterstützen. 25 Maulthiere waren von Mexikanern gezähmt und bestimmt, einen Theil des Proviantes zu tragen. Dies war die Lage der Dinge am 31. Dezember 1846.“

An diesem Tage fand in Neubraunfels der Tumult gegen Meusebach statt. Cappes hatte schon im November Franzis Fischer gegen den Willen Meusebachs, der von Anfang an diesen schlauen, aber intriguanten und betrügerischen Menschen lieber zum Feind als Freund haben wollte, und ihn deshalb fernhielt, nach Neubraunsfeld eingeladen, „um dort mit ihm und Meusebach einige wichtige Interessen des Vereins zu berathen.“ Fischer kam, Cappes blieb aus.

„Während Herr Franzis Fisher die Tafel Meusebachs theilte und ihn dessen Decken vor den kalten Nordern schützten, berief und leitete er heimliche Versammlungen, worin man über die Demüthigung und Ermordung Meusebachs, seines Gastfreundes, berieth.

Auf einen Aufruf an die Bürger von Neubraunfels, sich von der Tyrannei Meusebachs zu befreien, hatte sich ein Haufe versammelt, wählte ein Komité, zog bewaffnet nach dem Vereinsgebäude und drang in Meusebachs Wohnung. Aufreizende Reden, Meusebach herauszuholen und zu hängen, waren erfolglos. Das Komité, dem sich Fisher anschloß, verhandelte mit Meusebach. Dieser ließ sich durch Drohungen nicht einschüchtern. Er versprach in Betreff mehrerer Forderungen in Mainz anzufragen und erklärte sich, wie schon früher bereit, seine Stellung aufzugeben. Ein Protokoll wurde darüber aufgenommen.

Sörgel war an diesem Sylvestertage 1846 in Neubraunfels. Er ritt aber in Meusebachs Auftrage am Neujahrstage nach Indianpoint; als die in Neubraunfels wohnenden Amerikaner, die schon am Nachmittage durch eine Deputation Meusebach versichert hatten, ihn bei Wiederholung solcher Auftritte bis zum letzten Blutstropfen vertheidigen zu wollen, mit den „deutschen Freunden des Gesetzes“ ein Meeting abhielten. Die Versammlung wurde von Meusebachs Feinden gesprengt. In dem Brief, den Sörgel an Cappes in Indianpoint überbrachte, schrieb Meusebach, Cappes

„möge sofort nach Neubraunfels kommen, er wolle ihm das Generalkommissariat übertragen. Cappes antwortete: er sei nicht gesonnen, dasselbe zu übernehmen. Nichts überraschte mehr als die abschlägliche Antwort. Alles was Cappes vorher gethan, widersprach derselbe. . . . Cappes hatte zu wenig Muth, oder kannte sich zu gut, um die Zügel in die Hand zu nehmen. Er war auch in der That nicht der Mann dazu. Seine Unbekanntschaft mit der englischen Sprache verhinderte ihn, mit Amerikanern zu verkehren und die Zeitung zu lesen. Dieselbe Ursache machte es ihm unmöglich, mit auch nur einem Gesetze des Landes vertraut zu werden. Er kennt fast nichts von den geographischen Verhältnissen des Landes, nichts von den merkantilischen und sozialen. Er kennt nichts von Farmen, von Häuserbau, von der Viehzucht — überhaupt nichts, was man bei der Kolonisation so nöthig hat.“

Cappes war von den Vorfällen des 31. Dez. 1846 genau unterrichtet. Sörgel hatte auf seinen Wunsch ein Referat über die von ihm selbst beobachteten Thatsachen ohne alle Reflexion niedergeschrieben.[1]) Cappes reiste im Januar 1847 nach Deutschland; Fischer zog sich nach Houston zurück. Meusebach mußte wieder „die ganze Last der Geschäfte und Verantwortlichkeit auf die Schultern nehmen“ bis zur Ankunft eines Nachfolgers. Jetzt trat Meusebach den ordentlich vorbereiteten Zug nach dem

---

[1]) Der Bericht „ohne Bemerkung über die Ursachen, die Urheber und die dabei betheiligten Personen“ ist von Sörgel als Beilage zum elften Briefe mitgetheilt.

Grant an. Er durchzog den Grant nach allen Richtungen, schloß, unterstützt von einem Spezialagenten der Regierung mit den Comanches in San Saba einen, von dem Senate der Vereinigten Staaten vom 15. Febr. ratifizirten Freundschafts- und Landabtretungsvertrag ab.

„Dieser Vertrag gestattet den Kolonisten, ihre Kolonie, begründet durch die Gesetze der Republik, ohne Belästigungen vermessen zu lassen und zwischen dem Llano und der San Saba zu setteln — verpflichtet die Indianer, sich jeder feindlichen Handlung gegen die Settler zu enthalten und sie von etwaigen feindlichen Schritten anderer Stämme zu benachrichtigen. Geschenke und Lebensmittel im Betrage von 200 Pfund waren den Indianern zuerkannt . . .“

Die Geschenke wurden in Fredriksbourgh vertheilt. Die Feldmesser lebten in bester Freundschaft mit den Indianern.

Aus der Zeit vom November 1846 bis zum Juni 1847 liegt kein Brief von Sörgel vor. Der Brief vom 16. Juni 1847 beschäftigt sich mit einer Darstellung des neuen Abschnittes in der Kolonisation von Texas durch Deutsche, schildert den Wendepunkt, der in den Angelegenheiten des Vereins und der Kolonie eingetreten war, die Vorfälle vom 31. Dezember 1846, die Resultate „der Gewaltthat“, dann Meusebachs Zug im Januar 1847 und dessen große Erfolge. Sörgel nimmt Meusebachs Verwaltung lebhaft in Schutz und behält sich vor, sich später ausführlich über ihn und seine Wirksamkeit auszusprechen.

„Trauen Sie mir einige Kenntniß des Themas und einige Unparteilichkeit zu? Sehen Sie diesen oder meinen früheren Berichten an, daß ich seit neun Monaten Vereinsbeamter bin? Wenn ich meine Arbeit dem Verein verkaufte, das Gewissen und die Wahrheit aber vorbehielt, glauben Sie, ich würde dann nicht unparteiisch über einen Mann urtheilen, der Generalkommissar war? . . . Nicht allein der bevorstehende Wechsel der Personen an der hiesigen Verwaltung des Vereins bezeichnet den Abschnitt, auf dem die Kolonie angelangt. Die bevorstehende Gewinnung des Grantes ist von größerer Bedeutung.

Der Verein hat nun nicht mehr nöthig, in gegebener Zeit eine bestimmte Anzahl Menschen an die texanische Küste zu werfen. Er kann also das Werbesystem aufgeben, ohne seine Interessen zu gefährden. . . . Nun der Grant mit schwerem Gelde, mit einer Menge im Dienste verbrauchter Männer, mit dem Leben vieler Einwanderer erkauft ist, nun kann der Verein von dem ihm untergeschobenen Standpunkte des Menschenspekulanten auf den ihm natürlichen und gewollten des Menschenfreundes treten.“

Im zwölften Briefe, dem letzten der gedruckten vom 30. Juni 1847 schreibt Sörgel:

„Noch ein paar Tage, dann adieu Stadt und Insel, willkommen, du wiehernde Stute! willkommen, du sonnige, blumige Prärie, ihr heimisch flüsternden Wälder, ihr zauberischen Gewässer! Wie sehnt sich mein Herz nach euch, ihr Langentbehrten!“

Sörgel war in Galveston mit dem im Frühjahr dort angekommenen Schweizer Maler Rohrdorf bekannt geworden und hatte mit ihm geplant, ein größeres Bilderwerk über Texas herauszugeben.

„Rohrdorf und ich machen eine Reise durch Texas, er zeichnet und sticht das Land charakterisirende Bilder, und ich schreibe Text dazu. Ich kenne Texas hinlänglich, um dem Unternehmen einigen Erfolg zu sichern. . . . Ich werde das Buch nicht als Vereinsbeamter machen, im Gegentheil wahrscheinlich in Kurzem diesen Dienst quittiren und wieder zur Axt greifen. . . .“

Auf die Reise durch Texas mit dem Maler Rohrdorf hat Sörgel wohl einige Wochen verwendet. Das Buch hat er nicht geschrieben.

Meusebach erhielt im Juli Ablösung. Am 20. Juli 1847 trat er definitiv zurück; sein Nachfolger war H. Spieß aus Darmstadt, der in Folge eines mit dem Mainzer Verein geschlossenen Vertrages im Grant jenseits des Llano aus „gebildeten jungen Männern" die sogenannte Darmstädter Kommunistenkolonie gründete, die nicht lange bestanden hat. Sörgel scheint noch Ende August Vereinsbeamter gewesen zu sein. Er war mit Spieß bei Meusebach in Neubraunfels zu Gast, als Comancheshäuptlinge diesem ihren Gegenbesuch abstatteten. (Siehe den nachfolgenden Brief, den Sörgel am 6. September 1847 an seinen Bruder in Eisleben geschrieben hat.)

I. Besuch von Comancheshäuptlingen in Neubraunfels.
(Neubraunsfeld, den 6. September 1847).

Vor 8 bis 14 Tagen senden die Comanches eine kleine Anzahl Chiefs als Gegenbesuch. Drei, ein gewöhnlicher Häuptling, der Doktor und Prophet Kamawaiki oder so ähnlich und der oberste Häuptling Santa Anna war es. Der letztere hatte seine Reisefrau (Sie müssen wissen, daß die Comanches für jedes ihrer geringen Bedürfnisse eine besondere Frau haben) mitgebracht, und noch einige unverheirathete Weiber begleiteten den Zug.

Die Vereinsgebäude sind auf dem äußersten Ausläufer eines Höhenzuges erbaut. Man überschaut von ihnen einen Theil des Guadalupe und das ganze Comalthal, die Stadt, Berge, Wälder und Prärien. Die Comanches hatten hier ihre Lager aufgeschlagen und gaben dem angenehmen Bilde einen neuen Reiz durch ihre wilden Gestalten. Sie trugen bunte Kattunhemden und schmutzige Wolldecken. Ihre Beine in Leggins, ihre Füße in Moccassins gekleidet und ihre Köpfe nur durch starke, schwarzglänzende Haare bedeckt. Sie waren in Trauer über einen in Mexiko erlittenen Verlust von 13 Toten. Im Schmerz darüber hatten ihre Häuptlinge ihren Schmuck, ja alle ihre Habseligkeiten, mit Ausnahme der Pferde und Waffen verschenkt und ihre Zöpfe abgeschnitten, von denen nur noch kurze Stümpfe ihre Häupter zierten.

Nachdem die schmutzigen Hemden der Indianer mit neuen vertauscht waren, setzten wir uns zur Tafel nieder. Der große, breite, vierschrötige Santa Anna präsidirte. Seine Haltung athmete Würde, sein Gesicht Intelligenz und seine Augen zwinkerten List. Ihm zur rechten und linken Seite saßen Spieß und Meusebach und dann in bunter Reihe Indianer und Weiße. Die Tugenden der Reisefrau Santa Annas erwarben ihr die Erlaubniß an dem Mahle Theil nehmen zu dürfen, und ich hatte die Ehre, diesem Musterbilde wandernder Brauchbarkeit gegenüber zu sitzen.

Die „Wilden" fanden sich sehr leicht in unsere Sitten und ahmten unsern „Anstand" mit vielem Geschick nach. Sie verwechselten nur selten die Hände mit den Gabeln und die Zähne mit den Messern. Sie aßen nicht gierig wie Thiere, sondern langsam und wenig wie wir. Auch Weine tranken sie nicht viel, worin wir mit gutem Beispiel vorangingen, was seinen Grund ebenso sehr in unserer angeborenen Enthaltsamkeit als in der Säuerlichkeit des „Blauholz"-St. Julien hatte.

Gegen Abend fuhren sie mit nach dem Comal zum Baden. Sie waren ganz in ihrem Elemente, lustig und gewandt wie Fische. Nach dem Abendessen ward auch für die vorher nicht zugelassenen Männer und Weiber servirt. Diese Gesellschaft, nicht belastet mit der Würde hohen Ranges, bewegte sich freier und ungezwungener. Die Unterhaltung war lebhaft und zeigte leichte Wirkungen des Weines. Ein Wink Santa Annas hob die Festlichkeit auf. Die Comanches zogen sich in ihr Lager zurück, und wir streckten uns auf die Matratzen aus, den stillen Mond und die Sterne über uns. — Am zweiten Tage fiel uns der Besuch etwas zur Last. Dieses schweigsame ernste Sitzen und Starren ist sehr langweilig. Der Ideenkreis der Naturkinder ist beschränkt, ihre Kenntniß des Spanischen übersteigt nicht wenige Worte. Und Herr Kriewitz, ein Deutscher, der seit einigen Monaten unter ihnen lebt, war mit der Erlernung der Sprache noch nicht so weit gekommen, um die Unterhaltung interessant zu machen.

Der Doktor und Prophet hatte den Wunsch geäußert, in den Besitz eines Rocks zu kommen. Da man seinerseits friedliche und freundliche Prophezeiungen wünschte, ward ein Kattunrock angefertigt und mit preußischen Lieutenants-Epauletts geschmückt, die ein untreuer Sohn des Mars an den Nagel einer Rumpelkammer gehängt hatte. Nie erblickte ein neugebackener Lieutenant sein Spiegelbild mit mehr Befriedigung und schwellendem Stolze als der Doktor und Prophet Kamawaiki; seine Augen strahlten blendender als das geputzte Goldblech auf seinen Achseln.

Am Morgen des dritten Tages erschien Santa Anna zu Pferde vor dem Hause, die Friedenspfeife in der Hand, das Gesicht angefärbt. Ein rother Kreis um die Augen verlief in einen breiten Strich die Backe hinab. Auch der Mund war roth umkränzt, im Gesicht und auf dem Haar befanden sich unregelmäßige weiße Kleckse. Auf einer langen Tafel lagen die Geschenke ausgebreitet; rothe und blaue Wolldecken; Bänder, Zwirn, Nadeln, Messer, Kautaback. Der Doktor und Prophet zählte die Häupter seiner Lieben und vertheilte unter sie die Geschenke gleichmäßig und mit großer Gewissenhaftigkeit. Santa Anna erhielt seinen Theil zuletzt und schenkte ihn sogleich an den neben ihm stehenden Waa-li. (?)

Wenn man der Gerechtigkeit und Großmuth hinter die Koulissen schaut, verschwindet zuweilen etwas von ihrem Glanze. Auch diejenige der Indianerhäuptlinge erscheint etwas getrübt, wenn man weiß, daß sie nach Vertheilung der allgemeinen Geschenke noch besondere und meist werthvollere zu empfangen pflegen, so daß ihnen die Freigebigkeit nicht allzu theuer zu stehen kommt. Santa Anna erhielt noch Wolldecken und eine Büchse mit ciselirtem Messinglauf. Er hing sie mit einer Grandezza um, die einen König kleiden würde. So ritt er ab, mit der Hand Adieu winkend, gefolgt von seinem Hofstaat.

Herr John Torrey befand sich zur Zeit der Anwesenheit der Indianer auch in Neubraunfels und machte Santa Anna eine Visite. Zwei Jahre vorher standen sie sich unter bedenklicheren Umständen gegenüber. Herr Torrey hatte eben sein treating house (Gasthaus) am oberen Brazos mit neuen Vorräthen versehen, und die Comanches waren gekommen in großer Anzahl, um ihre Felle gegen Pulver, Blei, Messer und Wolldecken und Putz umzutauschen. Die günstige Gelegenheit reizte die begehrlichen Gemüther. Das Haus war über 100 Meilen entfernt von jeder Ansiedelung, voll der köstlichsten Dinge. Die drei kampfungewohnten und arglosen Kaufleute konnten der Masse Krieger keinen Widerstand entgegensetzen. Warum sollten sie kaufen, was sie nur zu nehmen brauchten? Sie unterlagen der Verführung. Die Häuptlinge und vornehmsten Krieger saßen im Kreise nieder zur Berathung, da sich unter ihnen Stimmen gegen die Beraubung erhoben. Man führte Herrn Torrey und seine Geführten in den Kreis. Nach einer feierlichen Pause verlangte ein Häuptling den Tod der Gefangenen und die Vertheilung der Vorräthe. Nachdem er geredet und seinen Sitz wieder eingenommen, vertheidigte ein anderer die friedliche Politik. Ihm folgte Santa Anna, malte seine Schätze mit reizenden Farben, zeigte die Gefahrlosigkeit des Unternehmens, zählte all das Unrecht auf, was den rothen Männern von den Bleichgesichtern zugefügt und wie viele Brüder den weithin tödtenden Büchsen unterlegen seien. Als er mit Schilderung der Metzeleien in San Antonio schloß, durchtobte Haß und Rache die Versammlung. Die Augen der Krieger sprühten Tod und Herr Torrey gab sich verloren.

Noch mehrere Redner sprachen für und wider. Sie wogen mit Genauigkeit die Vortheile. Die Interessen des Friedens, die Unwiderstehlichkeit der Bedürfnissen wogen schwerer als die glühende Rache, der rühmliche Krieg. Gegen 20 stimmten 22 für das Leben, die Freiheit der Gefangenen und die Fortdauer des Friedens. Nach 3 stündiger peinlicher Ungewißheit und sicherer Erwartung des Todes kehrte Herr Torrey mit graugewordenem Haar in sein Vorrathshaus zurück und verhandelte seine Waare gegen die Büffel- und Hirschfelle der Indianer.

Diese Abstimmung bezeichnet zugleich den ersten Schritt, welchen die Comanches der Civilisation entgegengethan haben. Er bezeichnet zugleich den ersten Schritt zu ihrer Unterwerfung, Vertreibung und endlichen Vernichtung. Hat das Bedürfniß der Erzeugnisse unseres Gewerbefleißes bei ihnen einmal Wurzel geschlagen, so können sie sich derselben nicht mehr erwehren und werden ihnen sklavisch unterthan. Aber ihre geringe Bildsamkeit und der unüberwindliche Widerwille gegen Arbeit gestattet ihnen nicht, Äquivalente dafür zu schaffen. Sie bezahlen zuerst mit ihrer Freundschaft, dann mit Fellen, dann mit ihrem Lande und zuletzt mit ihrem Leben, mit gänzlichem Verschwinden von der Erde. Ihre Lebensweise und ihre Neigungen gestatten nicht die Vermehrung ihrer Zahl, sie vermögen nicht sich zur Höhe der Bildung der Weißen zu erheben, und die rastlosen, gewaltigen Räder unserer Betriebsamkeit rollen vernichtend, keine Spur hinterlassend von ihnen, über ihre unschöpferische Trägheit.

Das stolze Ritterthum, das Arbeit verachtende, von Jagd, Raub und Ehre lebende, ward vom fleißigen, schaffenden Bürgerthum verdrängt. Fouqué weinte ihm die letzte Thräne nach und heut zu Tage erscheint es nicht mehr erhaben, tragisch und theilnahmswerth, wenn der letzte Sproß eines alten Hauses, erdrückt von der Vergangenheit, unter den sengenden Strahlen ehrenvoller Faulheit allmählich verdorrt. Ihr findet es ganz natürlich und gerecht. Will man nicht arbeiten, so muß man verhungern. Nun gut, die Indianer verachten auch die Arbeit. Sie haben alle noblen Passionen und halten die Würde ihres Standes äußerlich aufrecht. Sie haben auch die Folge des Nichtsthuns, zierliche Füße und Hände. Sie lieben die Jagd und den Krieg, Tod und Vernichtung säend. Sie sind ruhmsüchtig, sie dulden keine Flecken auf ihrer Ehre und wissen dafür zu sterben. Sie geben auch weite Landstrecken für ihre Jagdgründe aus und dulden nicht, daß sie bebaut, bevor sie entschädigt sind. Sie erheben auch Geleite und Schirmgeld. Sie berauben auch den friedlichen Gewerbsmann, wenn sie es ohne Gefahr können, und rühmen sich dessen. Das geht eine Zeitlang recht gut. Doch müssen dieselben Ursachen dieselben Wirkungen haben. Die fortschreitende Entwicklung zeitigt den guten Samen und treibt ihn zu starken und herrlichen Stämmen. Der leichte, unfruchtbare treibt unstät auf den Gipfeln der Wogen, bis er verschlungen.

Gerechtigkeit? „Der Lebendige hat Recht," die Faulheit, der Stillstand, der Tod ist Unrecht. Das Leben, die Arbeit, der Fortschritt, Entwickelung ist Recht.

Unsere Texasindianer sind jetzt friedlicher gesinnt als je. Verschiedene Gründe sind zusammenwirkend. Der Anschluß an die Vereinigten Staaten verursacht eine andere Ordnung der Verhältnisse mit den Comanches, welche nun nicht mehr mit ihren alten Feinden, den Texanern, sondern mit dem „großen Vater" zu verhandeln hatten und unbeschadet ihrer Ehre Frieden machen konnten. Sie thaten es, nachdem man den gewöhnlichen Kunstgriff gegen sie angewendet und einige ihrer Häuptlinge durch die Staaten geführt und die Macht und Größe der Weißen vor ihnen aufgerollt hatte. Dies ist immer von Wirkung, weil sie Krieg mit einem solchen Volk als zwecklos und unsinnig erkennen. Die ununterbrochenen Siege gegen Mexiko malen ihnen ihr eigenes Schicksal für den Fall eines Konfliktes.

Die jetzige Politik der Staaten, den Indianern angemessene Preise für ihre abgetretenen Ländereien zu geben, nimmt dem ganzen Verhältniß viel von seiner alten Gehässigkeit, während es zugleich verderblich für die Rothhäute ist. Ihre unabhängige Genügsamkeit wird durch die erhaltene Entschädigung in sie fesselnde Bedürfnisse verwandelt. Allmählich tritt an die Stelle von Abhärtung Verweichlichung. Entbehrungen verwandeln sich in Genüsse und die alte Leere wird mit Besserem ausgefüllt, die Comanches sind durch Jahrhunderte langen Gebrauch von ihren Raubanfällen in Mexiko abhängig. Sie überfallen eine Stadt oder Gegend, erschlagen die sich Widersetzenden, raffen Geld, Schmuck, Waffen, Decken oder was ihnen sonst gefällt und brauchbar erscheint, zusammen, führen Weiber, Männer, Kinder als Gefangene fort und treiben das erbeutete Vieh vor sich her. Davon wirthschaften sie, leben davon so lange, als die Vorräthe reichen. Diese Nahrungsquelle muß ihnen aber versiegen. Nehmen die Vereinigten Staaten die ganze Republik Mexiko in Besitz, müssen sie natürlich ihre mexikanischen Mitbürger vor den Raubanfällen der Comanches schützen. Schließen aber beide Republiken Frieden, so wird und muß sich Mexiko ausbedingen, daß die Vereinigten Staaten den in ihren Gebieten wohnenden Indianern Räubereien nicht mehr erlauben. In beiden Fällen werden die Commanches von Raubanfällen abgehalten werden, wenn sie sich dessen wider Erwarten nicht gutwillig begeben und ihr Schicksal um so schneller erfüllen.

K. Rückkehr in die Heimath.

Als Sörgel im Brief vom 6. September 1847 schildert, wie er in Neubraunfels an Meusebachs Tafel sich mit Spieß an der Ehrung der Comancheshäuptlinge betheiligte, ahnte er wohl noch nicht, daß er in drei Wochen Texas für immer verlassen werde. Am 29. September bestieg er in Galveston das Dampfboot zur Rückkehr in die Heimath. Er fuhr den Mississippi hinauf nach St. Louis und dann auf dem Ohio nach Cincinnati. Auf der Fahrt begann er, in dem sogenannten „Tagebuche" einen ohne Zweifel zur Veröffentlichung bestimmten, vortrefflichen gedankenreichen Aufsatz niederzuschreiben; zunächst über die Fahrt auf den Flußdampfern, dann über die zukünftige Entwicklung der vereinigten Staaten, über den langsamen, aber unaufhaltsamen Niedergang der Indianer, über die Nothwendigkeit der Abschaffung der Sklaverei auch in den südlichen Staaten u. s. w. Wie die Geschichte seit 1848 bis heute lehrt, zeigt Sörgel in diesem vielfach von den damals in Deutschland herrschenden Anschauungen abweichenden Aufsatze ein tiefes Verständniß der

Zustände der Vereinigten Staaten. Von den Gründen, die ihn bewogen haben, Texas zu verlassen, hat er nichts geschrieben. Sein Bruder Otto Sörgel, der Grundstücke und Geschäft des Anfangs 1839 verstorbenen Vaters übernommen hatte, war am 3. Juni 1847 gestorben. Diese Nachricht kann erst nach dem 6. September zu Sörgel gelangt sein. Sein Bruder hinterließ eine Wittwe mit zwei kleinen Knaben.

Ende Dezember 1847 oder Anfang Januar 1848 langte Sörgel in Eisleben an und kehrte nicht wieder nach Texas zurück. Er verwaltete das von seinem Bruder hinterlassene kaufmännische Geschäft. Die Gemüthskrankheit seiner Frau war unheilbar. Die Ehe wurde geschieden. Sörgel heiratete die Wittwe seines Bruders.

Sörgel blickte, als ich ihn zwölf Jahre später kennen lernte, auf seine texanischen Erlebnisse ohne Reue — vielmehr mit freudiger Genugthuung zurück. Seine Briefe vom November 1845 bis September 1847, die auf den Flußdampfern des Mississippi und Ohio niedergeschriebenen, an Form und Inhalt gediegenen Aufsätze, deren Wiederabdruck ich mir leider wegen mangelnden Raumes versagen muß, beweisen jedem Leser, was Sörgel in Texas in 18 Monaten gelernt hat, wie sich in dieser Zeit seine Anschauungen geklärt und geläutert haben.

Auf der Hinreise nach Texas begnügte er sich nicht damit, seine patriotischen Klagen über das der Freiheit entbehrende, in 39 Monarchien und freie Städte zerklüftete deutsche Vaterland in Versen darzustellen, — mit glühendem Eifer brachte er eine kleine Vereinigung junger thatkräftiger Männer zusammen, die in Texas die soziale Reform durch eine kommunistische Gemeinschaft „ohne Uniformirung des Individuums und ohne Erbrecht“ in harter Arbeit herzustellen trachtete. Wann ist diese kommunistische Gemeinschaft aufgelöst? wann hat Sörgel auf Durchführung abenteuerlicher Weltverbesserungspläne verzichtet? wann, wo und wie lernte er sich beschränken?

Belehrt und bekehrt hat ihn nicht die harte Arbeit des Körpers allein, sondern die Beobachtung der materiellen und geistigen Bedürfnisse, der sittlichen Ausbildung und Entwicklung der Einwanderer, das Nachdenken über das Erkannte in tagelangen, einsamen Ritten „auf wiehernder Stute in wonniger, blumiger Prärie“, in „heimlich flüsternden Wäldern“ mit „zauberischen Gewässern“ — und vor allem die Erfahrung, daß dieselben Menschen, die verkamen und verlumpten, so lange sie auf Gewährung der ihnen in wohlwollender Absicht gemachten, aber unerfüllten und unerfüllbaren Versprechungen des Mainzer Vereins sich verließen, durch den festen Entschluß sich selbst zu helfen wieder erstarkten und durch eigene andauernde Arbeit, Fleiß und Sparsamkeit bald zu bescheidenem Wohlstande gelangten.

Kurz vor dem Kriege von 1866 erzählte Sörgel auf einer nächtlichen Wagenfahrt einem Geschäftsfreunde:

„Mit thörichten Anschauungen und abentheuerlichen Plänen war ich nach Texas gegangen. Bald mußte ich erkennen, wie unbrauchbar ich noch fürs Leben sei. Mißmuthig ritt ich eines Tages durch die Prärie. Meine ganze Vergangenheit führte ich mir vor Augen. Mir fiel der deutsch-amerikanische Trost ein, erst müsse der letzte europäische Thaler ausgegeben sein, ehe an ein selbständiges Fortkommen in Amerika zu denken sei. Ich faßte in die Tasche und fand darin nur einen Sixpence, legte ihn auf den Daumen der linken Hand, schnippte ihn mit Daumen und Zeigefinger der rechten Hand fort in das tiefe Gras der Prärie — und beschloß, von Stunde an ein praktischer Mensch zu werden. Den Vorsatz habe ich ausgeführt."

Wenige Jahre nach seiner Heimkehr wurde Sörgel der getreueste und verdienstvollste Gehilfe Schulze-Delitzschs bei Ausgestaltung der von ihm für Handwerker, Arbeiter und kleine Gewerbtreibende auf dem Prinzip der Selbsthülfe gegründeten Vorschuß- und Kreditvereine zu wirklichen Volksbanken. Auch Sörgel erachtete für sie jede wohlwollende Unterstützung, gleichviel ob durch Staat, Kommune oder Gönner für unbedingt schädlich, — war diese Ueberzeugung nicht zum Theil eine Frucht seines Aufenthaltes in Texas?

Druckfehlerberichtigungen.

S. 1 Z. 3 v. o. muß es **1887** statt 1857 heißen.

S. 22 muß es in der Ueberschrift zu Nr. VIII **1862** statt 1861 heißen.

Inhaltsverzeichniß.

Druck von A. W. Hayn's Erben, Berlin und Potsdam.

J. Guttentag, Verlagsbuchhandlung, G. m. b. H. in Berlin.

Handbibliothek
für das
Deutsche Genossenschaftswesen.
Unter Mitwirkung
von
Dr. Alberti-Wiesbaden, Häntschke-Charlottenburg, Klinkert-Breslau, Morgenstern-Breslau, Oppermann-Magdeburg, Parisius-Charlottenburg, Proebst-München, Siebert-Berlin, Stoeckel-Insterburg, Thorwart-Frankfurt a./M., Wohlgemuth-Berlin,
herausgegeben von
Dr. Hans Crüger,
Anwalt des Allgemeinen Verbandes der auf Selbsthilfe beruhenden deutschen Erwerbs- und Wirthschaftsgenossenschaften.

Erschienen sind.

1. Band. Vorschuß- und Kredit-Vereine als Volksbanken. Praktische Anweisung zu deren Einrichtung und Gründung von Schulze-Delitzsch. 6 Auflage Neu bearbeitet von Dr Hans Crüger, Anwalt des Allgemeinen Verbandes der auf Selbsthilfe beruhenden deutschen Erwerbs- und Wirthschaftsgenossenschaften. Mit dem Bildniß. 5 Mk, geb. 6 Mk

3. Band. Handbuch für Konsumvereine. Praktische Anweisung zu deren Einrichtung und Gründung unter Berücksichtigung der neuesten Gesetzgebung von G. Oppermann, Direktor des Verbandes der Konsumvereine der Provinz Sachsen rc, und G Häntschke, Sekretär des Allgemeinen Verbandes der auf Selbsthilfe beruhenden deutschen Erwerbs- und Wirthschaftsgenossenschaften. 5 Mk, geb 6 Mk.

4. Band. Taschenbuch für Baugenossenschaften, Bau- und Sparvereine. Eine Anweisung für die Gründung und Einrichtung von Wohlgemuth, weil Direktor des Verbandes der Baugenossenschaften Deutschlands. Nach dessen Tode vollendet und bearbeitet von Dr. Fritz Schneider, z. Zt. Revisor des Verbandes der Baugenossenschaften Deutschlands u. a. V. nebst einer Anleitung zur Buchführung von E Spring. 6 Mk., geb 7 Mk.

In Vorbereitung befindet sich:

2. Band. Anleitung zur Buchführung für Vorschuß- und Kredit-Vereine von Siebert, Direktor der deutschen Genossenschafts-Bank von Sörgel, Parrisius & Co. in Berlin.

5. Band. Rohstoff-, Magazin- und Werk-Genossenschaften von Proebst, Direktor des Bayerischen Genossenschaftsverbandes.

6. Band. Landwirthschaftliche Genossenschaften von Oekonomierath Stoeckel, Direktor des Verbandes der landwirthschaftlichen Genossenschaften für Ostpreußen.

Doctor Louis Glackemeyer
in Hannover
und sein Kampf gegen die Organisation und die Grundlehren von Schulze-Delitzsch.
Nach Doctor Glackemeyers Schriften und Aufsätzen im Lichte der Wahrheit
dargestellt von
Ludolf Parisius.
Ein Beitrag zur Geschichte der deutschen Genossenschaftsbewegung.
gr. 8⁰. Preis 1 Mk. 80 Pf

FSC
www.fsc.org
MIX
Papier | Fördert
gute Waldnutzung
FSC® C083411

Kolibri 360 GmbH
Ferdinand-Jühlke-Straße 7
99095 Erfurt, Deutschland
produktsicherheit@kolibri360.de